火柴书系
主编 王慧霞

中国教育学会"十三五"教育科研规划课题《建构小学积极心理
（课题编号1602090374B）最终研究成果

U0456028

心悦教育

天津市和平区昆明路小学特色文化探索和实践

李素颖 编著

天津社会科学院出版社

图书在版编目（CIP）数据

心悦教育：天津市和平区昆明路小学特色文化探
索和实践 / 李素颖编著 . -- 天津 : 天津社会科学院出
版社 , 2021.1
（大教书系 / 王慧霞主编）

ISBN 978-7-5563-0696-1

Ⅰ . ①心… Ⅱ . ①李… Ⅲ . ①小学生－心理健康－健
康教育－研究 Ⅳ . ① G444

中国版本图书馆 CIP 数据核字 (2020) 第 252260 号

心悦教育：天津市和平区昆明路小学特色文化探索和实践
XINYUE JIAOYU:TIANJINSHI HEPINGQU KUNMINGLU XIAOXUE
TESE WENHUA TANSUO HE SHIJIAN

出版发行：天津社会科学院出版社
地　　址：天津市南开区迎水道7号
邮　　编：300191
电话/传真：（022）23360165（总编室）
　　　　　　（022）23075303（发行科）
网　　址：www.tass-tj.org.cn
印　　刷：北京建宏印刷有限公司

开　　本：787×1092 毫米　　1/16
印　　张：15.75
字　　数：195 千字
版　　次：2021 年 1 月第 1 版　2021 年 1 月第 1 次印刷
定　　价：58.00 元

编委会
BIAN WEI HUI

主　编

李素颖

编委会

吕　欣　孙立娟　王　妍

赵　岚　商蓉蓉

团结奋进的领导班子

与学生携手同行

心悦教师团队开展校本教研

心悦教育理念渗透到每一节课堂

心理健康教育校本读物

学生绘本集——《春燕新泥》

学生在教师引导下积极探索

学生们展示亲手制作的尊师卡

学生们在心理课上做游戏

专家为家长做心理健康辅导

家长与学生共走红毯

心育亲子趣味运动会

教师心育沙龙展示

李素颖校长为全体教职工
做心理讲座

心理健康教育中心为教师
提供身心放松体验

孙立娟副书记将"心悦
教育"理念传播到甘肃
靖远地区

昆明路小学迎接中华两岸交流促进会
心理学教师学术参访团

昆明路小学成立"心悦"
志愿者服务队

昆明路小学成为天津师范大学心理学部教育科研实践基地

昆明路小学获全国中小学心理健康教育特色学校荣誉称号

前　言

QIAN YAN

　　天津市和平区昆明路小学坐落于闻名遐迩的五大道上，创办于1935年，是一所办学历史长、有着厚重文化底蕴的学校。学校前身为天津私立燕达小学，历经鼎盛春秋，依旧兴学不衰，讲习绵延。从动荡不安的岁月走到繁荣安定的新时代，改变的是校舍环境、教学质量，不变的是昆明路小学师生的精神、风骨和追求。这里，承载着"爱生如子"的足迹，传承着"尊师、守纪、勤学、爱校"的校训，根植津沽大地，耕耘教育热土，生命花开，芬芳满园，沁人心扉，成了全国教书育人先进单位、全国心理健康教育特色学校、全国青少年校园足球特色学校、天津市文明学校、天津市义务教育示范校、天津市传统文化教育特色学校、天津市红领巾示范校、天津市阳光体育先进学校……校风正派、教师正气、校园文明，已成为昆明路小学的光荣写照。

　　循着历史发展脉络，可以看到坚韧和奋进早已深深地刻入每一代昆明路小学师生的心中。在新的历史时期，社会对教育提出了更高的要求，昆明路小学顺应历史的潮流，传承优秀文化，提炼办学精华，站在时代的高度，更新教育观念，全面贯彻党的教育方针，落实立德树人的根本任务，形成了独特的办学特色，用文化涵养身心，为莘莘学子"系好人生第一粒扣子"，全力打造具有鲜明特色的学校，助推学校走内涵式发展的道路。

　　要想建设具有特色的校园文化也需要具体而又贴合实际的发展方向。通过长期的调研和探讨，昆明路小学立足实际，确立了"润泽心灵，悦享成长"的办学理念，在"做一个心地善良，尊重生命、热爱生活、放眼世界的人"的育人目标指引下，实施幸福教育工程，开展实效德育，落实高效教学，率先进行新课程改革，坚持五育融合，形成"心悦教育"的办学特色。在这一目标之下，学校进一步确立了三个层次的具体培养目标：让每一个学生具有生存能力，更好地适应未来社会；让每一个学生具有充分实现自我价值的能力，成为未来社会的有用之才；让每一个学生具有创造美好生活的能力，在未来社会过一种幸福生活。

　　党的十九大报告中强调："优先发展教育事业。建设教育强国是中华民族伟大复兴的基础工程，必须把教育事业放在优先位置，深化教育改革，加快教育现代化，办好人民满意的教育。"昆明路小学既有跨越近九十年的文化底蕴，又有现代高品质教育内涵发展的强劲驱动力。近年来，学校秉承"润泽心灵，悦享成长"的办学理念，努力为每一个学生提供适合的课程和适合性的教育，使教育教学活动以心理健康教育为先导，由内而外培养学生言、行、心、气。在优良校训、校风、学风、教风的熏陶下，"心悦教育"如春风化雨般滋润着学子，学生品德优良、视野开阔、特长突出，在参与各类比赛和社会实践中焕发光彩。学校历经艰苦创业，快速发展，教育质量和科研水平不断提高，教师在这里授业解惑，栽桃树李；学子在这里同窗共读，茁壮成才。

"心悦教育"既是昆明路小学的精神追求和育人信念，又是当下学校的价值持守和教育共识。学校以关注全体师生的快乐幸福、促进师生的生命发展为价值取向和整体目标，把让学生感受体验快乐、学习创造快乐、主动传递快乐、形成健康快乐的校园环境作为具体的工作目标，为学校的人文环境、师生精神面貌的转变搭建多种平台，拓展多条途径。如今，学校干部教师精神饱满，正以更高的热情和勤奋的工作积极打造"心悦"校园。

在天津市和平区教育局领导的关怀指导下，在全校师生共同努力下，昆明路小学编辑出版的《心悦教育——天津市和平区昆明路小学特色文化探索和实践》一书与大家见面了。本书认真追踪了昆明路小学"心悦教育"的构建与探索之路，在详细阐述"心悦教育"支撑理论的同时，全面地呈现了"心悦教育"在学校各项工作范畴中的面貌，通过校园文化体系架构的规划寄寓未来发展的愿景。

通览全书，这是昆明路小学思考与践行"心悦教育"所积淀下来的智慧结晶。本书从"心悦教育"的提出依据而展开，详细地阐述了"心悦模式"的构建，提出目标与要素等；着重阐释了在"心悦模式"下开展的教育体系和育人体系；紧接着讲述了昆明路小学在进行"心悦教育"同时所培养出的校园文化，从办学理念、核心内涵、学校精神、学校追求等方面展开叙述，让社会看到了昆明路小学在进行"心悦教育"形成的优秀文化氛围。

一所学校离不开管理，因此在进行"心悦教育"的同时，昆明路小学更加注重人文化的管理。从文化环境、心理健康中心、校园服务组织等方面介绍了学校在进行管理所做出的努力。接着是对昆明路小学的"心悦"课程进行介绍。通过开发校本课程，融入学科课程，开展社团定制等课程来展开校园"心悦教育"，并通过"一合三建五线"教育模式来具体实施"心悦教育"模式。

昆明路小学"心悦教育"依托于校本读物，因此本书详细介绍了学校所设计的四本校园读物，总结在"心悦教育"模式下师生的收获以及成长。其中包括：体验学习成功的乐趣，培养进取态度；培养集体意识，在班级活动中，善于与同伴交往，健全开朗、合群、乐学、自立的健康人格；培养学生自主参与活动的能力等，使每一名从昆明路小学走出的学生都能以昂扬自信的姿态迎接未来学习生活。

八十五载沧桑砥砺，栉风沐雨铸就辉煌。学校不仅要传授已知、更新旧知，而且要挖掘新知、探索未知。多元的时代，昆明路小学秉承立德树人的任务永不改变，学校将树立未来眼光、建立教育共同体，秉承"心悦教育"，坚持一切从学校发展、教师发展、学生发展出发，赋师生力量，育未来之才，助力天津教育优质、均衡、高位发展。

李素颖

2020年8月

目 录
MU　LU

绪　论 ▶▶▶▶ | "心悦教育"引领学校优质发展

　　党的十九大报告明确指出:"要发展素质教育,推进教育公平,培养德智体美劳全面发展的社会主义建设者和接班人,努力让每个学生都能享有公平而有质量的教育。要在增强综合素质上下工夫,教育引导学生培养综合能力,培养创新思维。""培养什么人,是教育的首要问题。"全国教育大会强调"要在坚定理想信念、厚植爱国主义情怀、加强品德修养、增长知识见识、培养奋斗精神、增强综合素质上下工夫,培养德智体美劳全面发展的社会主义建设者和接班人"这一系列论断,都为新时代深化教育改革指明了方向。

　　面对新时代的挑战,学校应当如何转变教育方式、提升学生核心素养、更好地培养学生的创新精神和适应未来的能力? 基于对生命的尊重、对教育的负责、对家长嘱托的郑重承诺，昆明路小学勇担时代重任，立足学校实际及社会发展，形成了一脉相承的优良传统和具有鲜明特色的"心悦教育"办学特色，深度挖掘"心悦教育"内涵，砥砺前行，积极探索适合学生发展的教育方式，构建了独具特色的"心悦教育"体系。学校在不断实践与探索中发展创新，在推动学校教育教学质量稳步上升的同时，注重使每一个学生都能自主获得塑造美好未来所需的知识、技能、态度和价值观，进一步激发教育活力，依托家校共育和心理健康教育进行立德树人的实践探索，成功地走出了一条独具特色的育人之路。

昆明路小学始建于1935年，前身是私立燕达小学。1956年由天津市和平区教育局正式定名为昆明路小学。学校现有教学班40个，学生1500余人，教职工200余人。学校实施以"心悦教育"为核心的学校文化建设工程，创新性发展，为培养学生的健康人格，坚定文化自信提供了强大的精神动力。学校从理论研究、组织建设、环境打造、活动创新、制度建立、示范辐射等方面进行了卓有成效的探索和实践，取得可喜成效。学生的文明素养、道德品质显著提高，学校涌现出大量先进学生典型，他们引领规范着全校学生的思想行为。

昆明路小学作为全国首批中小学心理健康教育特色学校，是一所具有鲜明办学特色的国办小学。学校关注学生心理健康状况，注重体育运动。在全面深化教育综合改革过程中，学校确立了"心悦教育"的办学思想，明确了把积极心理健康教育作为开展特色建设的突破口，提升学校的整体教育水平，为学生的全面和谐可持续发展奠基，开展了以预防教育为主，面向全体学生，注重发现、发挥品格优势与潜能的实践。在学生学业方面，几十年来贯彻落实"轻负担，高质量"的理念。学校与学生、家庭关系和谐，以多种方法协同育人。自2015年起，学校配备了2名专职心理健康教师，9名心理健康教育兼职教师,成为学校心理健康教育的骨干力量,以积极心理学为理论依据开展工作。与此同时,注重发挥班主任的心理健康教育作用,为学生塑造积极心理,打造有意义的美好人生。

每个学生都是独一无二的生命体,每个生命体都有各自独特的精彩,需要园丁倾注汗水与心力,用不疾不徐、尊重天性的态度静候花蕾骤然绽放。多年来,学校以"尊师、守纪、勤学、爱校"为校训,规范学生良好的行为习惯,着力进行各种教育因素的整体优化,促进学生全面、和谐的发展。学生以刻苦、乐学、善思、务实的良好学风,教师以敬业、博学、善教、求真的严谨教风,两者共同构成该校良好的校风,受到社会的广泛赞誉。

学校坚持全面贯彻教育方针,促进学生全面发展,对学生全面负责,全面提高学生素质,实现提高质量、减轻负担、整体优化、和谐育人的目标。学校坚持以立德树人为根本任务,全面实施素质教育。通过组织多样化的体验式教育活动、中华优秀传统文化教育活动、心理健康教育特色活动等,整合家庭、社会资源共育等活动,让学生充分感受和谐幸福的教育文化氛围,增强学生对真善美的追求,感染学生心灵。

教育不只是规范与约束,更是唤醒与生长。"心悦教育"是顺应学生的天性、呵护学生自由意志、尊重学生需要的教育,也是培养学生具有健康的心理、健全的人格、积极乐观的人生态度的教育,更是素质教育对教育工作者提出的基本要求;培养学生特长,努力做到针对不同学生进行个性化教育,培养拥有健全的人格、科学的头脑、宽阔的视野、艺术的兴趣、优雅的形象、创造精神的社会人。学校夯实心理健康教育,建造了安静优雅的团辅室、心理辅导室、宣泄室等,各种设施设备齐全,为学生解决心理问题提供了专业支持和良好环境。学校坚持"强基础、抓养成、重心育、树师表、善转后、求实效"的工作原则,积极开展"心悦教育",努力促进学生和谐发展,帮助学生健康快乐成长。

学校始终坚持立德树人,努力创新育人路径,积极探索实施"心悦教育"的实践活动,坚持全域、全员、全课、全程的理念,着力构建方向正确、内容完整、衔接完善、载体丰富、常态开展的一体化工作体系,涵盖目标引领、内涵发展、课程建设、活动设计、评价跟踪的全过程理论体系,着力提升学生社会责任感、创新精神和实践能力,培养学生高尚的道德情操和公民素养。

学校按照国家和社会发展的需要,为每一名学生的需求与发展创设优质环境,使之形成可持续保持的积极状态与恒久幸福人生的重要品质。这是对"培养什么人、怎样培养人、为谁培养人"的回答,更与国家要求、学生发展核心素养主旨凝合。学校在日常实践活动中,始终把学生终身发展作为育人的价值追求,贯彻落实知行合一的目标,促进学生全面发展、个性发展和主动发展,努力实现"心悦教育"的规范化和实效化。

学校坚持五育融合,全面育人,为学生的精彩人生保驾护航。"心悦教育"的建立,离不开学校对"让爱心守护梦想,责任引领梦想,智慧点亮梦想,愉悦放飞梦想,为学生幸福人生奠基"的教育理念的坚持,以及积极践行办学理念,同时也离不开师生的共同努力。学校以"面向全体、全面发展,让每一个学生都能全面、健康、快乐而有个性地发展和成长"为核心思想要义,大力倡导文明礼貌、助人为乐、爱护公物、遵纪守法的社会公德,大力倡导尊师爱生、团结友爱、诚实勤奋、自律自强的校园美德。在队伍建设上,学校始终以师德为抓手,以家校互动为方略,不断向办一所学生喜爱、家长满意的学校迈进。学生核心素养显著提升,教师专业技能迅速发展,得到了社会的高度赞誉。

真正的教育始于自我教育也终于自我教育,只有真正发挥学生的主观能动作用,让学生参与到自我教育中,才能收到理想的育人效果。通过构建完善的"心悦教育"发展体系，昆明路小学以关注师生的快乐幸福、促进师生的生命发展为价值取向和整体目标，把让学生感受体验快乐、学习创造快乐、主动传递快乐，打造健康快乐的校园环境作为具体的工作目标，为学校的人文环境、师生精神面貌的转变搭建多种平台，拓展多条途径，探索走出一条"心悦教育"的新路，培养出一批又一批有情怀、有内涵、有学养，担得起社会主义建设事业的有志少年。

蔡元培先生曾说："教育者，非为既往，非为现在，而专为将来。"学校教育必须关注学生的终身发展，要培养能够把握自己人生发展方向的人。现阶段的学生正处于身心成长的重要阶段，处于人的心理与生理成长发展并逐步走向成熟的重要时期。《国家关于进一步加强和改进未成年人思想道德建设的若干意见》中明确指出，要"培养学生健全的人格和良好的个性心理品质，促进每一位学生的身心健康"。作为培养学生的主阵地、主渠道、主课堂，昆明路小学坚持把学生的"心悦教育"作为学生真正健康发展的突破口，浓郁健康向上的"心悦教育"校园文化，营造了学生"人人有梦想、人人奋勇争先、不甘落后"的氛围，培养了学生保持高昂的斗志和实现理想的自信。正是在这样的环境熏陶与积极引导下，学生们茁壮成长，学得快乐、学得自信、学得主动、学得有趣，名副其实地心悦成长。

八十五载的岁月，在历史的长河中不过是沧海一粟，但却是昆明路小学从无到有、从有到优的全部发展历程。如今，"心悦教育"已经成为昆明路小学德育、教学、管理、课程、课堂等各项工作不断发展的助推器。

通过学校"心悦教育"建设的育人实践，学生们已然初步具有高尚的品德、健康的身心、出色的能力和服务的精神，推进了学校跨越式发展。家长对孩子们取得的进步频频点赞，社会对学校的不懈努力也给予了广泛的赞誉。

　　扬帆起航风雨兼程，乘风破浪再接再厉。"心悦教育"是学校基于校情选择的教育发展之路。社会在不断发展，学校始终践行"为了每一个生命的健康成长"的教育使命，发展永不止步，心悦永远在路上。面对未来，昆明路小学将以昂扬的姿态、坚定的步伐继续探索，将心悦品格的培养内化到学生的日常行动中，为学生的未来积聚坚毅能量，奠基积极向上的心悦人生。

第一章 ▶▶▶▶ "心悦教育"的提出

　　学校作为"以文化人"之所和"立德树人"之地，更应广泛地凝聚文化力量、坚定地传承文化自信。遵从学校文化特质要求，结合文化传统，主动吸纳与实践地域文化，是昆明路小学"心悦教育"建设的必然选择。教育是生命自身从不知到知、从不完善到趋于完善的一个渐进过程。教育的最终归宿是生命的快乐成长、和谐发展。因此，高位办学，追求卓越，成为一种时不我待的使命担当。为了每一个学生的个性都能得到充分的展示与提高，每一名教师的生命价值都能得到充分的尊重与体现，昆明路小学以"润泽心灵，悦享成长"的办学理念去帮助师生发展得更加精彩。

第一节 "心悦教育"提出的理论与政策依据

▶▶▶▶

《中小学心理健康教育指导纲要》指出："中小学心理健康教育，是提高中小学生心理素质、促进其身心健康和谐发展的教育，是进一步加强和改进中小学德育工作、全面推进素质教育的重要组成部分。"新时代是尊重个性发展的时代，把握不同学生的心理特点，尊重每一个学生的发展需求。基于此，昆明路小学本着实现学生的自主发展的原则，重在让学生有效管理自己的学习和生活，认识和发现自我价值，发掘自身潜力，提升有效应对复杂多变的环境的能力，提出了"心悦教育"的办学特色。

具体而言，"心悦教育"就把教育对象由之前仅仅关注学生扩展到学校里的所有人，即通过专业、科学的心理健康教育满足师生在情感、尊重、成就及自我实现等方面的心理和情感需求，使学生"悦"其成长，教师"悦"其事业，并将此融入生活、成长和生命过程中，以积极的心理与行为模式更有效地适应自身的变化，适应社会的发展，适应未来的需要，为学生的终身可持续发展和幸福人生奠定基础。

一、"心悦教育"的实施背景

良好的心理素质是人的全面素质中的重要组成部分，但由于学生的心理特征在不同阶段拥有不同特征，各个时期的学生会面对不同的心理困惑或问题。小学阶段，学生正处在身心发展的重要时期，也是对以后的心理健康发展奠基的关键教育期。因此，学校应该重视起心理健康教育的创新和实行，为学生成长路上的心理健康保驾护航。昆明路小学一直有重视学生的心理健康教育的传统和基础。特别是近年来，学校把开展心理健康教育作为学校整体工作的主推手，开始了以预防教育为主，面向全体学生，注重学生潜能开发和健康心理素质培养的"心悦教育"实践。

二、"心悦教育"的背景价值

（一）国家教育方针政策导向

《国家中长期教育改革和发展规划纲要（2010—2020 年）》明确指出："加强心理健康教育，促进学生身心健康、体魄强健、意志坚强。"这标志着我国心理健康教育进入了新的发展时期与高度。而研究小学积极心理健康教育模式的正是学校心理健康教育发展的需要。

（二）学校新时期特色发展方向

昆明路小学是一所具有鲜明办学特色的国办小学。在全面深化教育综合改革过程中，"心悦教育"的办学特色明确了把积极心理健康教育作为开展特色建设的突破口，提升学校的整体教育水平，开创具有新意的特色教育模式，为学生的全面和谐可持续发展奠基，争做心理健康教育领域的先行者和业界榜样。

（三）学生心理健康发展的需要

学生正处在身心发展的重要时期，随着生理、心理的发育和发展、社会阅历的扩展及思维方式的变化，他们在学习、生活、人际交往和自我意识等方面，会遇到各种各样的心理困惑或问题。如果学生提前在学校学习到相关的知识，或者在面临困惑的时候能够得到及时帮助,那么他们就能够正确面对那些困惑或问题,并且找到合适的应对办法,避免在成长的过程中不必要的弯路和挫折。

(四)积极心理健康教育的特点

1. 积极心理健康教育能构建更完善的心理健康组织系统和更和谐的环境,为国家教育方针的落实营造了良好的学术研究体系。为学生搭建更广阔的平台来体验成长、体验快乐,用积极心理健康教育,最终形成坚实的、可以依靠的强大的心理健康组织系统,打造更和谐的育人环境。

2. 积极心理健康教育致力于师生互动,创设和谐的课堂氛围,从而为学校新时期特色发展创造良好的互动条件。在课堂教学中,教师要会用激励的语言鼓励学生;会用友善的眼神关注学生;会用温暖的手势抚慰学生;会用真诚的微笑感染学生,促进课堂上师生间的互动,创设和谐的课堂气氛,使学生在体验、分享中感悟快乐和幸福,也能更好地完成教学任务。

3. 积极心理健康教育对学生心理健康具有观察和维护功能。对学生坚持积极的评价取向,从其自身积极品质方面入手,用积极的内容和积极的方式塑造洋溢着积极精神、充满乐观希望和散发活力的心灵,能激励学生以阳光乐观的态度走好成长成才每一步。

三、"心悦教育"的内涵诠释

一所学校,没有鲜明的办学特色,自然也不可能建设成为一所好学校。因此,多年来,学校始终走"文化立校,全面育人"之路,把创建优秀的校园文化作为学校优质发展的核心。"文化立校,全面育人"关键在于如何"立",如何"育","育"何人。

昆明路小学"心悦教育"研究与实践,是根据学生的生理、心理发展特点,以人的向善性为价值取向,运用积极的内容、方法和手段,通过开展积极心理健康教育,从正面发展和培养学生个体的积极心理品质,防治各种心理问题,促进每一名学生身心全面和谐可持续发展。学校积极贯彻"落实立德树人根本任务,发展素质教育,推进教育公平,培养德智体美全面发展的社会主义建设者和接班人"的教育方针,在文化建设过程中体现德智体美劳的协同发展,即融思想性、知识性、艺术性等为一体,做到培养目标的全覆盖。

(一)把握正确方向

昆明路小学"心悦教育"坚持弘扬社会主义核心价值观,弘扬以爱国主义为核心的民族精神和以改革创新为核心的时代精神,用社会主义的政治思想和道德品质、用我国优秀的民族文化传统去武装师生的头脑,将心理健康教育与爱国主义思想灌输巧妙融合,真正做到从小就在学生的内心树立正确的价值观和大局观。

(二)促进个性发展

当代素质教育在要求重视学生的心理健康的同时,也强调学生的个性化发展,而这两个方面本就是对立统一的。心悦教育促进学生心理素质的健全,是学生个性化发展的前提,而学生个性的维护又有利于内心的自信和乐观,从而拥有健康向上的心理。

(三)强化成才意识

昆明路小学"心悦教育"落实立德树人根本任务,培养德智体美劳全面发展的社会主义建设者和接班人。引导学生规划未来、设计人生,树立远大理想和崇高信念,明确人生的意义与价值。同时关注德智体美劳全面发展,在树典型时,不仅要有学习之星,也要有道德之星、体育之星、艺术之星、文明之星等。读书节、科技节、心育节……多姿多彩的校园活动不仅丰富了学生的课余生活,活跃了校园文化氛围,也形成了独特的活动文化,为学生提供了自由而广阔的成长天地,使其更好地认识自我、发展自我。

昆明路小学"心悦教育"如同一颗镶嵌在海河畔的璀璨明珠,走过了一段跨越式发展的辉煌征程。学校将坚持"文化立校,全面育人"的办学宗旨,努力贯彻践行办学理念,全力加强"心悦"文化建设,让校园成为师生的精神家园和幸福乐园,促进学校和谐发展,师生健康健全发展。迎着新时代的号角,昆明路小学掷地有声的"心悦教育"理念,不忘初心,牢记使命,谱写创新篇章。

第二节 "心悦教育"提出的实践缘由
▶▶▶▶

全国教育大会强调,要在增强综合素质上下工夫,教育引导学生培养综合能力,培养创新思维。这就要求学校的教育不仅要引导学生乐于学习、勤于学习、善于学习,还要努力实现德智体美劳全面发展的总体要求,在综合能力、创新思维、文明素养的培养上有更多进益。

真正属于一所学校的特质,需有意识培育,用心去涵养。昆明路小学的"心悦教育"有温度,蕴含着家国情怀,体现着人文关怀,提升着师生的归属感、获得感,孕育着文化自信。种树者必培其根,育人者必养其心。"心悦教育"始终把立德树人作为育人宗旨,全面贯彻"健康为本,人人成才"的原则,努力培养具有社会责任感、创新精神、实践能力的时代新人。

一、夯实软实力,为"心悦教育"提供师资保障

高素质的教师队伍对有效实施"心悦教育"至关重要。为此,学校尝试构建了以校长、德育校长、德育主任、专职心理健康教师、全体班主任、学生心育委员为主导的环环相扣的"心悦教育"体系,着力建设了以下三支"心悦教育"队伍,以提高学校"心悦教育"水平和质量。

（一）建设专兼职心理健康教育教师组成的骨干队伍

目前，学校有专职心理教师2人，兼职教师10余人，国家二级心理辅导师3人，持天津市A—C类资格证者近百人，为学校"心悦教育"的深入实施提供了专业保障。

（二）建设具有较强心理健康教育实施能力的班主任队伍

学校有计划地组织班主任参加心理健康教育方面的培训，着力提高他们的心理健康教育能力，为更好地开展"心悦教育"提供了科学管理和优化服务的保障。

（三）建设具有一定心理健康教育自觉意识的学生心育委员队伍

学校将他们纳入校危机干预一级网络（班级网络），让他们一方面在心理专职教师带领下开展心理电影赏析、团体沙盘、曼陀罗绘画、拍摄心理微电影、心理剧等多种活动．同时，充分发挥心育委员的骨干作用，主动协助班主任，在班级中加强与同伴的思想情感交流，营造相互关心、爱护的氛围，发现问题及时与班主任及专职心理健康教师沟通，确保每个学生遇到的问题都能得到及时解决。

三支队伍的有机结合，不仅有力地推动了"心悦教育"的真正落实，而且让"心理健康教育责有攸归"的新观念深入人心。

二、强化硬实力，为"心悦教育"提供设施保障

在小学阶段，开展心理健康教育活动，关注学生的身心发展具有重要意义。新课改要求教育者要转变教学态度，尊重学生在教育教学活动中的主体地位。学生是快速发展中的人，性格、爱好、价值观念等容易受到外界的影响。对学生进行心理健康教育，有利于学生的健康成长，促使学生形成健全的人格。昆明路小学根据学生的实际情况，制订教学计划和目标，在教学活动中提高学生的心理素质和承受能力，帮助学生树立正确的人生观、价值观和世界观。

工欲善其事，必先利其器。昆明路小学努力创设符合"心悦教育"所要求的物质环境，投资并完善了心理健康教育中心，占地 120 平方米，配有系统的心理热线、网络互动平台等支持设施体系，主要承担学生、家长、教师的心理辅导和心育委员的培训、小型团辅等活动。

（一）心理健康教育的主要内容

心理健康教育的主要内容包括：认知能力、学习心理、心理品质、人际关系这四个方面。各方面的具体内容如下：

1. 认知能力是人脑加工、储存和提取信息的能力，即学生对事物的构成、性能、与他物关系、发展动力、发展方向以及基本规律的把握能力。换言之，即培养学生的观察、记忆、联想能力。

2. 学习心理指的是学生的学习习惯、学习方法与学习态度等，根据不同的学生做出针对性的指导，有利于培养学生的良好学习能力，使学生按照规律学习，选择适合自己的学习路径，注意劳逸结合，调动学生的学习积极性和主动性，使学生会学习、好学习。

3. 心理品质的教育内容主要有认识自我、自信、兴趣、动机、能力、性格、气质、情绪、意志、战胜挫折等。对学生进行心理品质方面的教育，可以引导学生学会自我控制和自我管理，锻炼学生的意志力，促进学生优秀品格的形成。学生在心理品质的学习过程中可以将学到的知识技能内化为自己的认知结构，提高心理素质。

4. 人际关系方面的教育是培养学生的语言表达能力和交际能力，引导学生正确处理与同学、家长、教师以及其他人的关系。学生将来会走向社会，面对各种性格的人,加强学生的心理健康教育,提高学生的交际能力,能够帮助学生更好、更快地适应社会。

(二)学生心理健康教育的必要性

1. 培养学生的良好认知能力,是使学生树立正确世界观和正确人生理想的前提条件。

2. 促成、纠正学生树立正确的学习心理,学生正处在身心发展的重要阶段,有很多行为习惯和爱好都是在小学阶段养成的,加强学生的心理健康教育,能够使学生在学习文化知识的同时,掌握正确的学习方法和生活方法。

3. 良好的心理品质是人全面素质中的重要组成部分,开展心理健康教育,引导学生正确对待自身出现的问题,疏导学生的心理压力,使学生具备在各种情况下应有的处世态度和方式,从而培养学生的心理素质,有利于学生的全面发展和个性发展,这是推进素质教育的必然要求。

4. 教育学生能够正确处理人与人之间的交际关系,提高学生适应社会的能力。

(三)提高学生心理健康教育效果的有效措施

1. 在学科教学过程中渗透心理健康教育。课堂是素质教育的主渠道。占有课时量最大的学科教学活动与学生心理素质建构密切相关。学科教学中的个体活动,与培养学生的独立性有关;生动活泼的教学过程,与培养学生的主动性有关;教学中的小组与大组学习活动,与培养学生的乐群性有关……推动教师大胆改革课堂教学,建构本学科的和谐教学模式,创设激发创新思维的问题情境,学生自主探究合作讨论、分层教学推进等要素,优化教学过程。

2. 班队系列活动中渗透心理健康教育。学生的独立性、主动性等心理健康教育的目标,必须在一系列活动情境中逐步加以培养。班队活动由于其活动性强,可以更多地摆脱学习活动的静态,吸引学生,因而有利于在活动中建构其良好的心理素质。一个良好的班队活动过程,便是学生良好心理素质建构的过程。而且这是个长期的过程。学校的小能手比赛、环保小卫士活动、小种植比赛等多样化、经常化的生动活泼的班队活动都在这方面做出了成绩。此外,学校开展了以培养"心悦"为主线的一系列丰富多彩的活动,如通过"我是谁"等活动,使学生认识自己、接纳自己;通过"他行,我也行"等主题队会,增强学生的自信心。

3. 创设心理健康教育活动课程。根据每个年级学生不同心理特点,从一年级到六年级逐级安排系统性课题,每个学年安排心理教育活动课。主要内容是学习指导、情绪陶冶、个性塑造、品行培养、适应训练等。并在具体内容的安排上,注意各年龄段有所侧重。即低年级突出了校园适应和常规训练,中年级突出了行为习惯和人际交往,高年级突出了情绪、个性和品德方面的内容。如"我和好习惯交朋友",帮助学生建立良好的行为习惯。

4. 开展有趣的心理健康教育课外活动。爱玩是学生的天性,学生的注意力总是容易被其他事物吸引,兴趣不能持久。学校对学生进行"填鸭式"教育,只会降低学生的学习热情,增强学生的抵触心理。因此,学校根据学生的身心发展规律,开展了丰富多彩的课外活动。课外活动中,可以有效地发挥学生的长处,最大限度地培养学生乐观、积极向上的心理品质。如学校在低年级学生中开展"这件事我想这样做"交流活动;在中高年级学生中进行"这件事是谁的错"研讨活动,让学生在交流与研讨中明辨是非、表明观点;举办课外阅读活动,培养良好的学风,从而为学生的心理健康发育起到引领和导航作用。

5. 教师遵循"以学生为本"的理念。要使心理健康教育取得良好的效果,不只是专业教师的事,它还需要全体教师的重视和参与。教师不仅是学生知识的传授者，更是学生学习的楷模，他们的一言一行对学生都有较大影响。为了学生的心理健康，教师更应该以身作则，言行举止要有涵养，不断学习文化知识，提高自身修养，积极调整自我心态，保持一个健康的心理状态，为学生进行正面教育。教育者的一言一行都会对学生产生很大的影响，教育者要养成"吾日三省吾身"的习惯，首先保持好自身的心理健康指标，才能够为学生提供准确的心理辅导。教育者要转变心态，遵循"以学生为本"的理念，关心、爱护学生，加强师生交流，增强学生对教育者的信赖，有利于心理健康教育工作的顺利开展。

"问渠那得清如许，为有源头活水来。"昆明路小学"心悦教育"是学生人生旅途中的助推器和播种机，也是学生形成世界观、人生观、价值观的奠基石。它对每一名学生而言，是培养热爱共产党、热爱祖国、热爱人民、关心他人高尚品德和社会责任感的大课堂。"心悦教育"寄托着数以千计家庭的殷殷希望，让每一名学生都成就自己的梦想，成为一名对社会、对国家有所建树的人才；更让学校成为一所老百姓满意的优质特色品牌学校。

第三节 "心悦教育"与学校发展的溯源
▶▶▶▶

党的十九大报告明确提出："努力让每个学生都能享有公平而有质量的教育。"十九大关于教育的重要指示为昆明路小学"心悦教育"建设确立了理论依据和行动指南。回顾昆明路小学的办学历史,无论身处陋室亦或是现代化校园,优秀传统文化始终印刻在每一代师生的血液之中,昆小人始终不忘初心,以文化育人,践行教育使命。

早在 20 世纪 80 年代,学校就以队伍素质精良、管理规范高效、教育精细全面、教学轻负高质享誉津门。近几年,学校高水平、高质量地通过了三轮天津市义务教育学校现代化建设,曾先后荣获全国心理健康教育特色学校、全国校园足球特色学校、天津市首批文明校园、天津市传统文化特色学校、天津市全民健康促进学校等荣誉称号。

社会寄予昆明路小学厚望,学校就要给予学生最好的教育。什么是最好的教育?在昆小人看来,尊重教育规律、尊重人才成长规律,让学生的天性得到健康发展的教育就是更好的教育。小学阶段是学生身心生长更重要的阶段,也应该是人生中更幸福的时光。学校教育所能成就的更大功德,就是给学生一个幸福而有意义的小学生活,以此为他们的幸福且优秀的一生奠定良好的基础。

作为全国首批小学心理健康教育特色学校,昆明路小学关注学生心理健康状况,注重体育运动。在全面深化教育综合改革过程中,学校确立了"心悦教育"的办学思想,明确了把积极心理健康教育作为开展特色建设的突破口,提升学校的整体教育水平,为学生的全面和谐可持续发展奠基,开展了以预防教育为主,面向全体学生,注重发现、发挥品格优势与潜能的实践。

一、战略思想引领专业发展

习近平总书记在全国教育大会上明确要求,要把"培养德智体美劳全面发展的社会主义建设者和接班人"作为教育的首要任务,其中特别强调要树立健康第一的教育理念,着力培养学生的健全人格。心理健康是身心健康的重要内容,是立德树人的必然要求。抓好心理健康教育,直接关系到中小学生健全人格的培养,对学生学习成绩、道德养成、人际交往、社会融入等都有直接而深远的影响。因此,学校要站在贯彻党的教育方针、落实立德树人根本任务、促进社会和谐稳定的高度,将心理健康教育作为一项基础性、战略性工作,纳入整个育人工作统筹谋划,关注每一名学生心理状况,帮助学生养成健全的人格。

昆明路小学是在 2015 年被教育部评选为全国首批中小学心理健康教育特色学校。在全面深化教育综合改革过程中,学校确立了"心悦教育"的办学思想,把积极心理健康教育作为开展特色建设的突破口,提升学校的整体教育水平,开展了面向全体学生,注重发现、发挥品格优势与潜能,以预防为主的教育实践,夯实学生积极心理基础,令学生度过蓬勃发展有意义的美好人生。

学生心理健康教育工作的发展必须走科学化、专业化的道路,因此学校积极与天津市安定医院青少年心理科进行深度合作,从而更好地引导教师了解儿童心理。一些有心理问题的学生,学校也会及时转介给安定医院青少年心理科,让学生和家长及时得到有针对性的指导。学校还充分利用高校资源优势,与天津师范大学心理学部签订协议，成为学部第一个基础教育实践基地。多位心理学教授到学校为教师开展心理方面的培训，带来前沿的心理学理念，提升全体教师的心理专业化水平。这也是学校拓展高质量办学、加快学校整体发展的积极举措。

学校心理健康教育工作走专业化道路，教师们也成为其中的受益人。随着工作的开展，学生和家长的需求也在不断增加，推动教师不断地去学习。学校支持专职心理教师参加心理健康教育硕士的学习、支持教师参加中国心理学会临床心理学注册工作委员会在天津大学的督导点的专业技术的培训、支持教师去清华大学积极心理学研究中心学习。教师的工作也从发现学生心理问题、缓解和解决心理问题这样的方式，逐步变成了全员心育，倡导培养学生积极心理品质、健全人格、预防为主和积极干预的方式。

二、系统课程助力心理辅导

2016 年底，学校立项中国教育学会"十三五"科研课题——"建构小学积极心理健康教育模式的研究"，以课题为引领，结合学校"润泽心灵，悦享成长"的办学理念，形成了"心悦教育"模式，经多方检验证明在促进学生积极心理发展上有切实效果。学校明确提出"心理健康教育是全体教师的使命"，要求每位任课教师在每一节课的设计时都要有意识地设计心育目标，有效落实课堂教学的情感教育目标，教学环节要能体现心育功能，全员参与心理健康教育与课堂教学有机融合的研究。学校根据修订后的《中小学心理健康教育指导纲要》的要求，构建了"向日葵"心理教育课程体系，作为校本课程安排在课程计划中。

校本课程种类丰富，针对性强，主要包括积极情绪课、品格优势课、生涯发展课、绘本教育课、社团拓展课以及个体定制课等。积极情绪课主要针对积极情绪的十种形式进行体会与培养,注重学生的体验。品格优势课强调对学生积极心理品质的培养,引导学生了解品格优势与六大美德,这是令学生发现和发展自身品格优势的课程。生涯发展课主要由家长做讲师。家长们向学生介绍自己的职业特点、社会贡献,为学生提供职业体验的机会。这样的课程学校每学期都要开足50余节,涉及航空航天、环境保护、粮食安全、历史文化等多个方面。游戏拓展课主要由班主任实施,心理教师提供帮助,从心理中心开展过的团体心理游戏中精选出实施效果较好,易于操作的团体游戏,编辑成《团体心理游戏手册》,对班主任进行培训,利用班校会课带领学生开展活动。

绘本教育课的内容一类是品读绘本,感受主人公内心思想与情绪,或抒发自己的阅读感受,对绘本进行延续创作;另一类是鼓励学生将自己对外在与内在世界的感知用绘本的形式表达出来进行自主创作。学生的作品既可汇集成册,也可由学生配音后做成视频,与全体学生分享。其中制作绘本是学生非常喜爱的方式,例如在宣传垃圾分类知识的时候,有的学生用织布制作了宣讲册,带到幼儿园义务给小朋友们讲解……这样的活动提升了学生的自我价值感。

社团拓展课采取团体绘画、团体沙盘、团体游戏、阅读欣赏、劳动促进等多种形式,利用素质拓展活动时间,每周开展2次,每次1小时。由于时间充裕,每次活动都可以做得较深入。每学年学校重新分配社团成员,因此其灵活性较高。教师开设男生社团和女生社团,或根据成员团体的不同特点开展活动。个体定制课是针对有特殊需求的学生,以一对一的形式在心理辅导室开展。由接受过长期心理辅导训练的心理专职教师通过沙盘游戏、绘画技术、游戏技术等方式对学生进行积极辅导或干预,帮助有情绪困扰或心理行为上有问题的学生。上课时间由学生及家长、班主任和心理专职教师共同商定,每次40分钟,每周1次。课前,心理专职教师会与家长面谈沟通,了解家庭教育情况,对家长进行家庭教育指导,共同商定心理辅导目标。原则上每4次课会有与家长的面谈。如有特殊情况,也会及时与家长沟通。

多年来,学校积极推动心理健康教育,通过对千余名学生的前测与后测,学生的积极情绪和生活满意度得到显著提升,而且明显高于其他参考抽样学校。这个结果对学校和教师来说是一种极大的鼓舞,也证明了学校统筹考虑心理健康课程设置的优势所在。小学生心理健康教育其实是素质教育的重要组成部分,心理健康教育也不是孤立进行的。通过不断的探索与心理健康教育实践,学校将会在心理健康教育领域逐渐成熟完善,为学生的健康成长继续助力。

三、精准关怀突破关键时期

当前社会越来越关注儿童的心理健康,小学生也有不同程度的心理问题,且在不同的关键时期有着不同的特征。因此,学校应该做到差异化辅导,有的放矢,用精准的关怀突破关键时期的瓶颈。昆明路小学心理健康教育特别针对学生的三个关键期,一是新生入学适应期,二是前青春期,三是童年末期。这三个关键期既有区别,又有相通之处,分别针对的是一、四、六年级。一年级有新生适应课;四年级有男生课堂、女生课堂,开展性别教育;六年级主要是感恩课程和志愿服务课程,积极促进学生的亲社会行为,使其逐步认识自己与社会、国家和世界的关系。

对于一年级新生,所有一年级教师在前两个月都有各自明确的任务,包括习惯养成、行为规范等。心理中心主要负责带领学生尽快熟悉校园、熟悉同伴,学会与他人交往,增加学生对学校的归属感。在这项工作中,学校大力发挥学生心理委员的朋辈互助作用,四、五年级心理委员进入对口班级,全方位指导新生在校一日生活,包括洗手、做眼操、介绍学校各种设施设备的使用方法等。让学生讲述,一年级新生会觉得更加亲切。这对心理委员们也是一种锻炼的机会,能充分发挥他们的能力。在关注新生适应的同时,学校也会考虑到家长的心理变化,让学生和家长双生入学,除了常规要求,特别注重缓解家长的焦虑心情。作为家长,会有很多担忧,例如孩子会不会听讲,能不能及时喝水,作业记不记得住,跟同伴会不会交往等。家长也总想时时看到孩子在校情况,甚至产生过度关注的现象。有的家长会因为孩子一点点的错误,就非常焦急,生怕孩子一步跟不上,步步跟不上,这是一种绝对化、灾难化的想法。因此学校利用线下家长学校和线上家庭教育课堂帮助家长做好心理建设。开学前,学校开设家长讲堂,请专家为家长进行家庭心理指导,缓解家长的焦虑情绪。同时,学校也会更多地向家长展示学生的在校生活,让家长时时了解感受到孩子的成长变化。

四年级学生处于前青春期,学校为他们开设了女生课堂和男生课堂,做好性别教育,这是为了让学生为即将到来的青春期做好心理准备。这个阶段会广泛开展预防校园欺凌教育,通过拍摄心理剧、模拟法庭、绘本教育等方法,让学生增强法治观念,换位思考,共情他人,善良待人,让自己变得强大等来预防高年级可能会产生校园欺凌问题。

对于六年级学生来讲,这一时期是童年的末期,马上要离开校园到新的环境去学习,开始人生的新篇章。虽说是成长的新阶段,但也有告别童年的味道,更会指引学生全面回顾自己的童年。因此在这一时期,学校会引导他们感恩父母、老师和一路走来的同学们,为离开小学步入初中的学习生活做好准备。同时学校也会积极促进学生的亲社会行为,逐步认识自己与社会、国家和世界的关系。2017年学校成立了心悦志愿服务队,带领学生开展了给盲人讲电影、讲五大道的故事、宣传垃圾分类等很多志愿服务活动。

通过不同时期的精准关怀,学校能够做到有的放矢,让不同学段的学生在关键时期有一个正向发展的心理趋势。除此以外,除了在校对学生进行引导外,回到家后,作为孩子的父母,家长的重要性其实也是不言而喻的。只有家校联动,同步实施,才能更好地帮助孩子成长。家庭教育对学生的心理健康的发展具有重要的作用,因此学校也一直注重家庭心理健康的指导。学校每月都至少为家长提供一次线下心理健康培训,很多心理学专家给家长开展过培训,比如说"提升注意力""远离手机依赖""建构和谐原生家庭""成长性思维"等专题活动,并辅以丰富的线上家庭教育课程。

近几年,家长逐渐懂得陪伴对孩子成长的重要性,但是有些家长不知道该和孩子一起做什么。因此,学校在家庭教育中非常注重为亲子提供互动的机会。比如说足球联赛开幕的时候,学校邀请学生和家长一起入场走红毯,有特长的家长会主动担任班级球队的教练,组织学生们在周末的时候进行训练,比赛的时候来现场指导、加油助威。如亲子心运会,学校邀请家长和孩子一起参加,开展"亲子阅读沙龙""亲子劳动技能比拼"等,为家长创造丰富多彩的亲子沟通的机会,增进彼此的了解,享受快乐的亲子时光。学生有积极情绪的储备,在遇到外界不稳定状况时,能有乐观坚韧的心态,从容应对。学生回家后经常会提到学校的有关心理健康各类活动,家长看到孩子的变化,也能主动参与到学校的各类活动中来。

精准关怀,家校联动,为学生们在一个个关键时期的飞跃与成长奠定了坚实的基础,也让学生的心理问题得到了妥善的处理和解决。步入新时代,学校将站在更高的起点,严格落实《义务教育学校管理标准》,把落实立德树人根本任务,促进每一个学生的全面发展作为学校管理的出发点和落脚点,精心实施"五个一"工程,有效推进学校、家庭、社会协同共育,不断提升育人品质,培养有理想、有见识、有胸怀、有本领、有担当的时代新人,为学生成就出彩人生创造最大的可能。

四、模式研究促进教育飞跃

学校始终贯彻落实"轻负担、高质量"的理念。学校与学生家庭关系和谐，以多种方法协同育人。2016 年 11 月，学校"十三五"教育科研课题《建构小学积极心理健康教育模式的研究》被中国教育学会批准立项，更激励教师们探索有内涵、有特色的育人活动，促进每一个学生的健康成长。

《建构小学积极心理健康教育模式的研究》课题团队在课题组 5 名成员基础上成立了心育团队共 11 人，采用集体学习和分散学习相结合的方法，学习有关积极心理健康教育的理论，用以指导自己的教育实践工作，如马丁·塞利格曼 (Martin E.P. Seligman) 的《持续的幸福》《教出乐观的孩子》《认识自己，接纳自己》《活出最乐观的自己》《真实的幸福》，克里斯托弗·彼得森的《积极心理学》，学习过的相关文献有孟万金的《中国中学生积极心理品质测评量表修订报告》《中国小学生积极心理品质测评量表研发报告》《积极心理健康教育的心理健康观》等关于积极心理学与脑科学相关文献八十余篇。在理论学习的基础上，教师们不断更新观念，并将理论应用于研究和研讨实践中。

心育团队定期进行学习交流，开展教研活动，其中以了解学生大脑发展为主题的教研活动《大脑塑造师》参加了中国教育科学研究院"名师成长项目"启动会的活动展示受到专家的肯定。心育团队受邀在全国非智力因素研究学术的年会上做了《大脑塑造师——提升执行力》的教研展示获得众多好评。

在学校的支持下，课题组教师积极参加各种会议交流、培训学习、教学观摩、参观活动，也邀请其他学校教师参加学校课题组的各类活动。2017 年，教师赵岚为天津市和平区万全第二小学全体教师做《接纳差异，促进融入——谈普校自闭症儿童融合教育》的专题讲座。同年，在学校"推进公民素养课程化，打造心悦教育特色化"的德育工作现场展示活动中，教师赵岚、商蓉蓉做"信任行走"主题团体心理辅导活动课，受到天津市和平区院区合作办专家组李继星主任一行好评；心育团队赵岚、王霞在天津市滨海新区第二十教育共同体"互学互比互看"活动中，为七所学校青年骨干教师做《针对个体心理需求的适应教育工作》专题讲座；教师赵岚为到校观摩的甘肃舟曲学访团做"针对个体心理需求的适应教育"主题发言。2018年，教师赵岚、商蓉蓉为内蒙古自治区义务教育学校优秀校长一行人进行个体心理辅导案例报告《用想象打败怪兽的小男孩》，并带领来访校长们开展放松心情、缓解压力的团辅活动。同年，教师赵岚、商蓉蓉又参加在河南郑州召开的第二届青少年生命教育高峰论坛暨第一届全国中小学心理健康教育特色成果展示和心理教师专业能力展示；在天津召开的全国非智力因素年会暨学术研讨会，心育团队共9人做教研展示；教师商蓉蓉赴天津市南开区中营小学参观该校并观摩"非智力因素培养"学科渗透课程及听取校长汇报；她作为天津唯一代表学校赴北京参加中国高等教育学会教师教育分会主办的京津冀"以心养德润心育行"德育课程创新交流研讨活动。赵岚和商蓉蓉两位教师的心理健康活动课《信任之旅》作为天津市唯一一节送课受到好评。赵岚老师还以"悦享心理健康融合，提升积极心理品质"为题向北京市、河北省的教育同仁们做了关于学校积极心理健康教育工作汇报。

课题组的各类活动为教师队伍的广泛交流和共同提升提供了宝贵的机会，也为学校的长远发展打下坚实的基础。

根据开题至今积极心理健康教育工作在学校的推进情况，学校结合实践要求将之前"一合三建五线"中"五线"里的"积极心理健康教育教学"与"心理健康教育中心工作"合并为"积极心理健康教育教学工作"，包含积极心理健康校本课程教学研究、学校积极心理健康教育活动、团体与个体心理辅导、学生社团活动等；通过对全体教师开展"积极语言浸润课堂"系列培训，增加"积极心理健康教育学科融合"一线；将"家庭积极心理健康教育指导"的单向工作更新为"家校合作协同育人"的双向工作，包含学校对家庭开展心理健康教育指导和家长进课堂为学生开展各类教育达到让学生增长课外知识同时了解社会各行业的生涯教育的目的；将"社区辐射拓展"修改为"社会拓展实践"。依据工作主线，课题组积极推进课题研究实践。

首先，"一合"即注重积极心理健康教育与学校整体教育教学工作相结合。自学校于 2015 年被教育部授予首批全国中小学心理健康教育特色学校荣誉称号之后，学校继续探索以心理健康教育为特色的办学理念，基于积极心理学视野下，确立了"心悦教育"文化。就是通过校园生活满足师生的尊重、成长、人际关系等高级别心理需求，让学生悦己学业，对现在与未来的生活形成积极健康的应对模式，积极发展成为毕生学习者；让教师悦己事业，营造和谐环境氛围，强化师德师风建设，开展心理健康教育，关注教师个性发展等多项举措提升教师积极心理品质，促进教师专业持续发展，提升职业幸福感。

其次，"三建"即建设三支队伍：一是积极心理健康教育教师骨干队伍。专职教师注重提升技能，自开课题立项至今，商蓉蓉老师已经多次参加天津市家庭教育研修班培训并取得国家高级家庭教育指导师的资质。二是建立具有较强积极心理健康教育实施能力的班主任队伍。在班主任例会上，都有相关培训，提高班主任积极心理健康教育意识和能力。三是建设学生心育委员队伍。目前，各班均有 2 名心育委员。

最后，"五线"即五条主线工作，分别是积极心理健康教育教学工作、积极心理健康教育学科融合、家校合作协同育人、学生心育委员培养工作、社会拓展实践五条主线。

（一）积极心理健康教育教学工作

"积极心理健康教育教学工作"这一主线工作从课程育人、文化育人、活动育人三个角度开展。

1. 课程育人，夯实心理健康教育根基。学校根据修订后的《中小学心理健康教育指导纲要》的要求，构建了"向日葵"积极心理健康教育课程体系，安排在课程计划中。此课程共包含三类课程。一是根据学生年龄特点在每个年级开设的常规心理健康课，如低年级的"我爱上学"适应教育课，中年级的"十岁天空"成长课、五年级的积极心理健康教育校本课，六年级"逐梦起航"毕业课。二是利用素质拓展课开展四五年级的"七彩向日葵"心理社团活动课，包含心育委员培养、女生课堂、游戏拓展等多形式多内容的社团活动。三是针对学生及家庭特殊需求的订制课程，该课程分为家庭心理健康教育指导和个体辅导两个部分，目前已累计为百余人次提供了千余课时的服务。

2. 文化育人，濡染心理健康教育气息。学校"心悦文化"也在校园环境布置中得以体现。学校将部分楼道精心设计成学生喜爱的样式，丰富的内容提升了学生对学校的了解。

3. 活动育人，丰富心理健康教育内容。学校通过组织系列主题活动，引导学生积极发展。"涂抹心声，悦见绘本"儿童绘本故事创作活动旨在鼓励学生将自己对外在与内在世界的感知，以独特的视角、率真的方式自由地表达出来。学生们参与活动的热情高涨，总共收到了五百多份绘本作品。学校挑选部分作品汇集成名为《春燕新泥》的绘本画册。"解读幸福密码"主题活动，是引领学生了解二十四个积极心理品质。根据学生对积极品质的解读和搜集的故事，学校编辑了《昆明路小学积极心理品质》口袋书。另外，学校将各项活动都与积极心理健康教育有机结合，充分体现"心悦教育"理念。如足球嘉年华暨"心悦杯"校园足球联赛，"润泽童心，悦享语韵"语文节，"新时代心悦小小朗读者"经典诵读比赛，"心悦成长，激情足球"心悦杯校园足球趣味赛，"心悦自然，体验成长"科普半日游活动，"花好月圆话中秋，传承文化悦成长"我们的节日主题教育活动，"铭志悦成长，快乐一年级"迎新生开学典礼，"童声悦校园，经典咏流传"校园合唱节，"心悦励志，载梦起航"六年级毕业典礼，"心悦启智同筑梦，家校共育伴成长"家长开放日活动等。

（二）家校合作协同育人

"家校合作协同育人"这条主线上学校主要开展四类活动。一是针对广大家长的家庭积极心理健康教育指导工作。在线下，开展家长学校活动。学校通过对家长发放问卷调查，结合家长需求，邀请心理专家、心理医生等业内专家为家长开展家长学校培训，内容包括缓解考试焦虑、新生适应、小升初心理调适、共同面对电子产品、如何正确的赞美儿童、儿童注意缺陷与多动障碍解析、建构和谐原生家庭等。在线上，学校借校内外公众平台"心悦教育"与"家校社区"两个栏目发布学校心育工作动态，家庭心理健康教育知识，并针对某些共性问题由心理教师进行统一答复。如开展的以"成长型家长语录——积极语言支持孩子的关键时刻"为主题推送每天六句话活动，受到了家长的欢迎，该活动也受到了中科院心理研究所儿童发展与教育心理学博士后、儿童非智力因素教育项目负责人黄臻女士的大力支持。二是开展个别化家庭教育，既有针对同性质问题开展不超过20人的家长心理沙龙活动。也有对存在暂时性发展问题的学生的家长进行心理健康教育的个性辅导。还可以借助网络平台预约个体心理辅导等。三是以亲子为参与对象的各类活动，增进亲子情感交流。如每三年一次的大型亲子"心运会"。每学期一次的小型亲子游戏活动，足球亲子嘉年华、亲子诵读、亲子观影、亲子阅读、亲子厨房、亲子公益等。大大开拓了孩子们眼界,也为了将来的发展埋下了职业发展的种子。

(三)社会拓展实践

"社会拓展实践"这条主线中,学校根据克里斯托弗·彼得森的《积极心理学》"积极人际关系"中提到的观点"有研究显示志愿者的工作往往跟较高的生活满意度和良好的健康状况相关",学校总结以往学生社会实践工作经验,成立了由学校全体师生和部分家长等组成的"心悦志愿者"队伍,陆续开展了为盲人朋友录制《五大道的故事》音频节目,走进心目影院为盲人朋友讲电影,走进社区慰问老人、帮助留守儿童、开展环保宣传、打扫社区卫生,与罕见病儿童互动游戏等公益服务活动。平均每周都有由学校各部门带领的志愿者社会服务活动,引导学生体会帮助他人行为给他人带来的变化和给自己带来的成就感、价值感。除此以外,"积极心理健康教育学科融合"这一主线自开题至今,对全体教师开展心理健康讲座等活动已举办多次。

通过课题研究,教师们在理论和实践的双重探索里不断提升,收获了许多实质性成果。在个体辅导中,对于儿童情绪爆发状况运用人工智能设施与其进行交流,缓解焦虑情绪。探索了对全体教师、学生和家长开展协同教育,共同提升积极心理品质的路线。同时,学校也对课题研究中存在的一些问题进行了反思。课题组成员的积极心理健康研究水平有待于进一步提高,对实践背后的理论指导认识不充分。积极心理健康教育与学科融合部分还有待提升。教师年龄结构老化,缺乏创新精神,这些都是制约教师创新发展的因素。鉴于师资等诸多原因,课程的建设不完善。目前的实践成果不够成熟,影响力有限。

对于未来,学校将继续学习理论知识,提高认识。加强"五线"中"积极心理健康教育学科融合"工作,开展"积极语言浸润课堂"系列讲座和教师交流活动,提高广大教师对积极语言的运用能力，在课堂上激发学生积极情感，促进积极心理健康教育与学科的融合。挑选、培训若干名教师开展积极心理健康校本课程的研究与教学工作。

五、素质教育养成心悦学子

教育不仅仅是教书，更重要的是育人，着眼于学生核心素养的全面发展、长远发展，从知识能力、学习体验、健康生活的培养需求，上升到注重培养有理想、有本领、有担当的全面发展的人的办学宗旨。开展团体心理辅导是昆明路小学实施心理健康教育的有效途径，团体心理游戏受到学生热烈欢迎。学校将适合学生的团体游戏总结出来，整理成册，旨在让学生学会放松、澄清价值观、体验团队合作、感受爱与被爱、学习有效沟通、感受合作与竞争带来的压力与快乐，提升意志力人学会感恩等，从而使心理教师和班主任更有效地开展班级团队建设，更有效促进学生，积极心理品质的发展。

关心每个学生，促进每个学生主动地、生动活泼地发展，尊重教育规律和学生身心发展规律，为每个学生提供适合的教育。昆明路小学在办人民满意教育的过程中，总结了学校开展的心理健康教育活动，提炼出适合学生的积极心理健康教育模式，创设了"心悦模式"。该模式以"心悦教育"为理论基础，以学生为教育对象，以令学生在学习与生活中充分体验、培养积极情绪，充分挖掘与发展学生的品格优势为两条途径，促进学生成为身心健康、积极向上，具有社会责任感的"心悦学子"。

在实施素质教育的今天，教育的目标不仅仅是向学生传授多种知识、技能，更重要的是要培养出身心健康、能面向未来社会的种种挑战、具有良好的适应能力、坚强、自信、全面发展的一代新人。让学生在收获知识的同时不断正确认识自我，增强调控自我、承受挫折、适应环境的能力，形成健全的人格和良好的心理品质。因此，热切关注学生的心理发展，正确引导、帮助他们形成健康、积极、主动、上进的心理势在必行。

第一，用爱心感染。师生心理交融的基础是感情的交融，也是爱的投入。教师重视那些存在各种缺点的学生，关心有心理障碍的学生。因为这些学生常常由于这样或那样的原因，心理上受到压抑，失去平衡，性格比较孤僻，心理也比较脆弱。当他们遇到不顺心的事时，就会产生不良情绪，并对学习和生活造成一定的影响。如何让这种消极的影响降到最小？教师以真诚的爱去关心、呵护每个学生，让学生的心灵得以寄托、情感得到倾诉、精神得到依靠。当学生需要关心、帮助时，教师及时伸出援助之手，使学生幼小的心灵得到鼓舞，让他们相信自己一定能行，逐步形成良好的心理品质。

第二，以鼓励育人。在鼓励中成长的学生拥有自信和顽强的意志，这些品质不是与生俱来的，而是在环境和教育的过程中逐渐培养起来的。多年来，许多学生由于家长过于严厉的管教而变得胆小懦弱，许多孩子形成了依赖心理。为改变这种状况，教师要给学生自己做事的机会，自己去体验、去总结成功的经验和失败的教训。当他们成功了，教师应及时赞许，给以鼓励，使他们获得更多继续前进的自信和勇气；当他们失败了，也不能一味批评，要鼓励他们继续独立解决问题、战胜困难、收获成功。

第三，在赏识中沟通。教育的发展要求教师"不仅仅是科学文化的传播者，更应该是学生心理的塑造者，成为学生心理健康的维护者"。每个学生都渴望得到教师及他人的赏识，因此教师要赏识学生，善于发现学生的闪光点，让学生对自我有更加准确的认知，而不是觉得自己一无是处。找学生谈话是交流思想的过程，又是交流情感的过程，要先达理必先通情。教师只有理解、尊重、信任和爱护学生,才能使学生亲近、信任自己,心悦诚服地接受教师的教育。教师充分尊重学生的个性,适当引导,使学生的心理朝着健康的方向发展,保持百花齐放、春满校园的景象。

守志如行路,行十里者众,行百里者寡,行终身者鲜。八十多年来,昆明路小学勇敢面对问题和挑战,积极探索学校教育的新发展,矢志开拓学校发展新局面,从新时代发展对教育的要求出发,从师生对未来发展的美好期待出发,以"心悦教育"为契机,不断统合发展资源、更新教育理念、创新教育教学方式,让学校在这一良好的教育生态下,"心悦"日益鲜明,梦想扬帆起航。

第四节 "心悦教育"成为学校新时代发展的动力源泉

▶▶▶▶

    教育必须恪守教育的"本质内涵",关注学生,关注学生的成长和发展,关注学生的生命质量,以学生为主体,激发学生的灵魂的觉醒,唤醒学生的超越精神,实现学生的自主发展,让学生获得心底的愉悦,快乐地成长、幸福地生活。教育是心心相印的活动,唯有从心里流出来,才会流入心灵的深处。学校教育说到底是心育,通过对学生心理特征、知识结构、认知结构和有效学习的规律研究,让每个学生健康、快乐、高效地接受知识、形成能力、化育品格,应该是教育教学的基本要求。

    学校作为实施素质教育的主要承担者,应该如何有效地实现这个目标呢?实践中,昆明路小学依据多年来开展心理教育的基础,初步形成了以心理教育为突破点的发展思路,提出了"文化立校,特色兴校"的发展策略,进行了心理教育"多融合"的整体构建,即立足"让每一个生命日日新"的教育目标,遵循"润泽心灵,悦享成长"的办学理念,进行心理教育与学校文化、管理、课程、课堂、教学、德育等"多融合"建设,取得了斐然的成绩。

    教育生态是土壤、是文化,供给创造需求。在中国共产党第十九次全国代表大会上的报告中,习近平总书记明确提出:"要加强社会心理服务体系建设,培育自尊自信、理性平和、积极向上的社会心态。"2019 年底颁布的《健康中国行动——儿童青少年心理健康行动方案（2019—2022 年）》中更明确指出要进一步加强儿童青少年心理健康工作，促进儿童青少年心理健康和全面素质发展。作为全国心理健康教育特色学校，昆明路小学从 2015 年起就把推进积极心理健康教育，培养学生积极心理品质作为学校整体工作的主推手，开始了以预防教育为主，面向全体学生，注重学生潜能开发和健康心理素质培养的"心悦教育"实践。这项研究学校于 2016 年在中国教育学会正式立项，2020 年初顺利结题。在昆明路小学，"心悦教育"思想浸润整个校园，是学校育人的不竭源泉。学校以立德树人为灵魂，在各个领域渗透"心悦教育"理念，积极推进教育改革，走出一条快速发展之路。

一、关注心育环境建设，蓄积向上能量

推进积极心理健康教育，不仅应注重营造优雅和谐的校园环境文化，更重要的是关注个性化需求的心理环境建设，增强师生积极情绪体验，提升心育能力。

对教师来说，全面塑造和不断提升自身素质，追求个性发展是提升积极心理品质的必由之路。学校通过课堂教与学方式的变革，关注教师专业知识的获取、专业技能的锻造，持续提升教师的专业影响力。学校不仅鼓励专职心理教师进行项目进阶研修，提升专业素养，如今已成为天津市两委阳光心理热线辅导专家，成为区级学科带头人；还以沙龙形式定期组织专兼职心理教师开展专业研究。在帮助教师提升职业幸福感的同时，学校还主动联手各高校，请心理学专家对广大教师进行了全方位的心育能力培训；聘请医院专家走进学校做专题讲座，开启医教共建的心育模式。对学生来说，学校注重搭建舞台，让学生在丰富多彩的活动中，增强自信，悦享成长的喜悦和幸福。

学校崇尚"心悦"文化教育，主张润物无声。校园文化走廊、悦童书屋、我行我秀展区……处处孕育着精神文化的内涵；从每个班富有个性的班徽、班歌、班训，到各班的图书角，学生畅快地阅读、感悟、交流，让文化溢满教室、溢满走廊、溢满校园；从丰富的素质拓展活动，到心理教育的特色校本课程，到戏剧表演、播音主持等心育特色活动，时时进行着人文情怀的陶冶和精神品格的塑造。通过心育环境建设，蓄积向上能量。

二、创新心育课程建设，扩大积极效应

课堂是提升积极心理品质的主阵地，学校不仅通过学科渗透，还利用校本课、素质拓展课、私人订制课、团体辅导课、志愿服务等途径，全方位落实心育课程。课堂改革中，学校提升教师教学观念，结合学校理念打造"心悦课堂"，即让学生主动去观察、思考、体验、尝试的鲜活、生动、高效，富有活力和创造性的课堂教学。教师根据课型、学习难度、学生能力水平等灵活机动地做出调整，遵循"还教学的本然状态"这一本质，让学生"自然地学习成长"。学校把社会主义核心价值观融入教育全过程，把理想信念教育作为教育核心价值观的重中之重，把加强思想道德教育作为教育核心价值观的核心要素，在课堂上引导和教育学生自觉践行社会主义核心价值理念。

其中，最受学生喜爱的课程类型有：

一是积极情绪课。内容包括感受宁静，提高大脑机能的正念课程"沉静训练"；提升积极情绪感受的"美好生活记事本"等系列主题课程，引导学生学会控制情绪、学会愉悦地接纳他人。二是品格优势课。该课通过"我的优势树""家族优势树""他人优势集"等活动，运用体验、互动等方法，引导学生积极挖掘自身潜能，不断完善自己的品格优势。三是生涯发展课。该课请家长志愿者进入学校，或是把学生带到实际工作场所中去，让学生了解各行各业的发展情况,在学生心中埋下职业发展的种子。四是游戏拓展课。心理教师精选出易于操作的团体游戏编辑成册,对班主任进行培训,通过游戏拉近师生距离,促进健康和谐师生关系的构建。五是绘本创作课。以学校图书馆馆藏为依托,开展绘本创作课。学校把学生的作品汇集成册,与全体学生分享。

为了让"心悦课堂"充满活力,学校利用各种措施促进教师成长。学校建设书香校园,推动学习型学校的形成,组织书社,品经典、传师情、乐常态。为加强校本研究的学术氛围,实现教研与科研的统整,学校开设了心悦大讲堂,以教育教学中存在的实际问题为引领,开展学术交流活动,促进教师快速成长。

昆明路小学除课堂改革之外,还以素质拓展为依托,丰富学生科技艺体活动,创设"心悦课程"。该课程从明德、益智、尚美、健体、长技、创意等板块去实际操作,濡染学生身心和谐发展。如学校举办艺术节、经典诵读比赛等,在实践活动中促进了学生的个性发展。

三、注重心育家庭创建,延展积极影响

提升家长积极心理健康教育意识,培养和谐健康家庭,能让学生更幸福。学校除保持原有的家长学校、开放日等多种沟通渠道,还增加了"心理专家校园行"和"心理教师每日家长接待"等特色活动,提升了家长的心育能力。特别是在疫情期间,为了减轻疫情给家庭带来的心理冲击,学校开通了服务全校师生家庭的关护热线和邮箱,提供有针对性的心理疏导。学校还在智慧校园平台推出了"亲子心理互动营"。通过十期正念冥想训练和五期心理操,安抚了学生和家长的焦虑情绪,增强了学生家庭的稳定感,收到了良好的心育效果。

坚持为学生的幸福人生奠基,把学校办成师生健康发展的精神乐园是昆明路小学师生的共同愿景。在"心悦"文化濡染下,学校"心悦教育"实践探索取

得了显著的成效。不仅提高了学生的心理素质，培养他们积极乐观、健康向上的心理品质，而且充分开发他们的心理潜能，促进他们身心和谐可持续发展，提升发现、享受、创造享受幸福的能力，让学生享受快乐童年，奠基幸福人生。

首先，学生积极心理健康品质进一步明显提升。昆明路小学学生普遍能够展现出积极乐观、健康向上的精神面貌，学校已经形成一种自尊、自爱、自强，尊重、关心、友爱的浓厚氛围。

其次，"心悦教育"特色日渐形成。2015年9月被命名为全国首批小学心理健康教育特色学校、天津市首批小学心理健康教育特色学校，并被评为天津市小学心理健康工作先进单位。《中国德育》杂志、天津电视台等多家媒体对昆明路小学心理健康教育工作也竞相报道。

虽然"心悦教育"实践探索取得了令人欣喜的成绩，但学校也认识到，教育是无止境的事业，昨天的成绩只属于昨天，在不确定性日益凸显的今天，学生每天都会面临新的问题，学校只有帮助学生形成健全的人格和健康的心理品质，他们才能在成长的长河中，乘风破浪，顺利走向幸福人生的彼岸。学校会再接再厉，改革创新，为学生的全面和谐可持续发展不懈努力。

昆明路小学倡导激励性德育，打造高品格心育管理。坚持以人为本，民主治校；强化教师职业幸福，引导教师有精神层面的追求；以积极心理学为指导，构建以实现学生自我管理为目的的激励性德育。昆明路小学以关注全体师生的快乐幸福，促进师生的生命发展为价值取向和整体目标，创新运用供给侧结构性改革思维发展师生、成就师生。如今，"心悦教育"像树一样在昆明路小学向下扎根、向上生长，是每一名师生的信念；像家一样相携成长、温暖前行，是学校文化的永恒追求。

第二章 ▶▶▶▶ | "心悦模式"的体系构建

　　有品位的学校，在幽雅的校园、漂亮的建筑之外，是掩不住的丰厚底蕴、博大格局，这种气质与自信不是几年能练出来的，而是需要一代代学校管理者延续传统、规范办学、不断创新，并将学校的文化历史化入具体的教育教学中，与师生融为一体。"心悦模式"围绕学生生活与学习形成全方位的积极心理健康教育的网络，开展全方位、全过程的教育渗透，形成了以校长为组长、专兼职心理教师为核心、班主任为骨干、全体教师为实施者、学生心育委员为延伸、校外专家为助力的工作机制，树立"人人都是积极心理健康教育工作者"的理念。"心悦模式"已融入学校的精神宝库，化为师生的自觉行为，汇聚成为昆明路小学奋发进取的不竭动力。

第一节 "心悦模式"的提出依据

▶▶▶▶

汤之《盘铭》曰："苟日新，日日新，又日新。"全国教育大会指出，教育是民族振兴、社会进步的重要基石，是功在当代、利在千秋的德政工程，对提高人民综合素质、促进人的全面发展、增强中华民族创新创造活力、实现中华民族伟大复兴具有决定性意义。昆明路小学"心悦模式"的提出依据如下：

在党的十九大报告中，习近平总书记明确提出："中国特色社会主义进入了新时代，这是我国发展新的历史方位。""我国社会主要矛盾已经转化为人民日益增长的美好生活需要和不平衡不充分的发展之间的矛盾。""要加强社会心理服务体系建设，培育自尊自信、理性平和、积极向上的社会心态。"

中央办公厅国务院《"健康中国2030"规划纲要》中提出："加强心理健康服务体系建设和规范化管理。加大全民心理健康科普宣传力度，提升心理健康素养。"

教育部刊发的《中小学心理健康教育指导纲要》提出："开展中小学心理健康教育，要以学生发展为根本，遵循学生身心发展规律，必须坚持以下基本原则：坚持科学性与实效性相结合。要根据学生身心发展的规律和特点及心理健康教育的规律，科学开展心理健康教育，注重心理健康教育的实践性与实效性，切实提高学生心理素质和心理健康水平。坚持发展、预防和危机干预相结合。要立足教育和发展,培养学生积极心理品质,挖掘他们的心理潜能,注重预防和解决发展过程中的心理行为问题,在应急和突发事件中及时进行危机干预。坚持面向全体学生和关注个别差异相结合。全体教师都要树立心理健康教育意识,尊重学生,平等对待学生,注重教育方式方法,关注个别差异,根据不同学生的特点和需要开展心理健康教育和辅导。坚持教师的主导性与学生的主体性相结合。要在教师的教育指导下,充分发挥和调动学生的主体性,引导学生积极主动关注自身心理健康,培养学生自主自助维护自身心理健康的意识和能力。"

2017 年中国共产党中央委员会宣传部等二十二个部门印发《关于加强心理健康服务的指导意见》,文件中明确提出:"要全面加强儿童青少年心理健康教育。小学校要重视学生的心理健康教育,培养积极乐观、健康向上的心理品质,促进学生身心可持续发展。"这一切都在向教育者表明,学校的心理健康教育工作要符合时代要求,为学生夯实积极的心理基础,为构建和谐社会实现"民族复兴、人民幸福"的中国梦提供源源不断的精神动力。

2020 年 11 月 25 日,教育部在答复"关于建立中小学生心理危机精准识别机制的建议"中指出,教育部将进一步加强中小学生心理健康教育工作,一是加强心理健康知识宣传教育,强化教学体系,完善辅导体系,加强干预体系,不断提高心理健康教育工作的针对性和实效性。二是进一步加强心理健康教育队伍建设,配齐配强专兼职工作队伍及专家队伍,通过专业化培养和系统化培训,加强心理危机干预相关技能的工作指导,提高心理健康教师水平。三是逐步完善多元参与的协作机制,加强全社会对儿童青少年等重点人群心理健康的关注,推动中小学生心理健康教育科学化、规范化发展。

积极心理健康教育倡导"塑造积极心理,奠基幸福人生"。积极心理健康教育正视心理偏差或心理问题,主张通过积极的心理力量有效预防、控制和化解各种心理偏差和问题,实现与内外环境相适应的心理平衡,从而提升幸福感。塞里格曼提出了幸福五要素理论:积极情绪、投入、人际关系、意义和成就,简称PERMA。

清华大学心理系提出的"六大模块、两大系统"积极教育模型中,"六大模块"包括:积极自我、积极情绪、积极投入、积极关系、积极意义和积极成就。"两大系统"是身心健康调节系统和品格优势培育系统。

清华大学心理系总结了中国的积极教育实践经验,研发了"六大模块、两大系统"的积极教育模型。在2018年出版的《幸福的科学》一书中,展现了其五年实践,超15000课时验证的积极教育方案,证实了该模型的有效性。

此外国内许多小学也在探索对学生开展积极心理健康教育的方法,让昆明路小学实施"心悦教育"有了一定的实践积累与现实依据。

2011年,教育部颁布了《课程标准》。其体现了国家对教师教育机构设置教师教育课程的基本要求,是制定教师教育课程方案、开发教材与课程资源、开展教学与评价,以及认定教师资格的重要依据。其中,《课程标准》在"小学职前教师教育课程目标"中提出,教师要具有理解学生的知识与能力。

2012年,教育部颁布了《小学教师专业标准》。其对教师专业知识从小学生发展知识、学科知识、教育教学知识和通识性知识四个领域做了基本要求。其中,学生发展知识在四个领域的知识中所占比重最大。

根据《课程标准》《小学教师专业标准》的要求,教师需具备关于学生身心发展方面的知识,并且要掌握必要的帮助学生的方法。教师要掌握学生心理方面的知识,并能分析、理解、研究学生,从而更好地教育学生。

主体道德理论认为,道德教育不能生搬硬套,要凸显主体感受,从生活的细节中感发生命的力量。"心悦教育"通过价值引导、情景感悟、情景陶冶的快乐教育，避免人耳不入心的表面文章，扎扎实实开展学生工作，与生活相联系，从中汲取有益于学生心智成长的宝贵经验，进而引导学生人生观、价值观、道德观的完善。可见，"心悦教育"旨在培养学生的思想道德素养，涵养人文内涵，是坚持"立德树人"核心理念、注重学生身心特点的教育。

实践德育理论认为，学生的道德教育必须落实在实践中，不仅要得到实践的检验，还要用实践去评价，充分发挥实践的价值，使教育落实为真正有效的活动。"心悦"贵在"悦"，重在"心"，因此"心悦教育"是一种动态的教育理念，强调通过丰富多彩的实践活动去推动学生的成长，激发思维潜力。正如儿童心理学家皮亚杰所说："儿童的思维从动作开始，切断动作与思维的联系，思维就不能得到发展。"可见，学校要加强实践活动的开发，鼓动学生动手动脑，精心描绘学生的生命底色，为未来的扬帆起航做好铺垫。

心向往之，行必能至。昆明路小学结合时代教育潮流和实际校情，确立了打造"心悦教育"品牌的发展方向，把尊重作为核心价值观，将家长视为最重要的育人伙伴，积极帮助每一个学生在德智体美劳全面发展的基础上，充分发展其特有的潜质，致力于使学生热爱学习、独立思考、明辨是非、团结合作，具有社会责任感、创新精神和实践能力，真正成为未来幸福生活的拥有者和创造者。

第二节 "心悦模式"的核心理念与目标
▶▶▶▶

　　人是教育的原点，也是教育的终点。点化和润泽生命是教育的核心。从这一层面而言，教育应以人为本，为人的终身幸福奠基。学校教育不仅仅是传承知识、培养能力，更重要的是培养心灵健康、人格完善的人。那么，教育怎样才能实现人文素养与健全人格同步提升，从而达到求真、向善、唯美的教育追求呢？

　　实施什么样的教育，就决定什么样的未来。昆明路小学"心悦模式"的构建是学校生命力的源。"心悦模式"的核心理念：悦纳自己、悦纳他人、协同发展，度过蓬勃发展有意义的美好人生。具体而言，就是学生了解自己具备的品格优势，能够以发展的眼光看待自己与他人，对他人具有同理心，在积极的人际关系中成长，成为具有社会责任感的合格接班人，度过蓬勃发展且有意义的美好人生。提升学生对生活与学习的热情；增强心理免疫力，预防和缓解心理问题；发展品格优势，成为全面发展的人，过蓬勃发展有意义的美好人生。

　　教育心理学家马斯洛认为："教育者要更多地关注学生的成长和未来的自我实现。"结合"心悦模式"的核心理念，昆明路小学制定了"心悦模式"目标，即崇尚道德、通晓常识、自主创造、积极合作、追求卓越、胸怀天下。学校利用班团队活动举办专题讲座、邀请家长和学生共同参与活动来丰富"心悦模式"，将其变为学校、家长、学生三位一体的全方位、多层次"心悦模式"。在这种教育模式下,引导和帮助家长树立科学的教育观,以自身良好的行为影响和教育学生,学校与家长也加强了沟通联系,为学生的心悦发展创造了和谐一体的氛围。

行源于心,力源于志。"心悦模式"以积极心理学为理论基础,以全体学生为教育对象,以令学生在学习与生活中充分体验、培养积极情绪,充分挖掘与发展学生的品格优势为两条途径,促进学生成为身心健康、积极向上,具有社会责任感的"心悦学子"。具体而言,就是创设适用学生积极的"心悦模式",整理出适合学生的心悦课程,帮助学生发现和发挥自己的品格优势,体会生活的意义与蓬勃发展的美好感受,为促进学生成为心理健康的社会主义接班人和全面发展的人奠基。面向个别学生方面,运用积极心理干预的方法针对学生的一些倾向性的问题和个别心理问题进行更深入的探究,采取有效的方法帮助学生克服困难,发现自己的品格优势,促进自信、自尊的发展。

著名心理学家威廉·詹姆士说:"播下一个行动,收获一种习惯;播下一种习惯,收获一种性格;播下一种性格,收获一种命运。"著名教育家叶圣陶先生也指出:"教育就是培养良好的习惯。"他们都用很朴素的语言,揭示了培养学生良好习惯的重要性。正是理解了教育的真谛,昆明路小学围绕"心悦模式",在宽松、友爱、和谐、民主、平等的氛围中,用科学有效的手段对学生进行心智开导、学识培养和人格塑造。

"心悦模式"的核心价值即是生命润泽生命、智慧启迪智慧、思想升华思想、心灯点亮心灯、人格涵养人格、精神引领精神、幸福塑造幸福。在"心悦模式"支撑下,学校构建了学生成长的"心悦模式"评价体系,对学生学业、品行、创新等素养进行综合评估,促进学生阳光自信成长,使学校工作有层次推进;以学校文化和班级文化创建活动为内容,形成了自主参与、自主管理、自主成长的教育模式,实现由他律到自律,再由自律到拓律的效果。

教育是培养人的社会活动。"心悦模式"的核心理念与目标就是强化积极的情感体验,这种以心理健康为基本性质的情感体验具有超功利性和人文性。"心悦模式"是一种行动,是生发正能量的行动,它作用于每一名学生;"心悦模式"是一种教育理念,它影响着每一个成员;"心悦模式"是一种教育信仰,是教育大目标中的微教育,它弥漫在昆明路小学的每一个角落。在"心悦模式"情感体验过程中,学生情感得到丰富和提升,在正本清源上展现新担当,在守正创新上实现新作为,为培根铸魂继续奋斗。

第三节 "心悦模式"的要素与构建

▶▶▶▶

著名教育家乌申斯基说过:"教育的主要目的在于使学生获得幸福,不能为任何不相干的利益牺牲这种幸福。"学校不能冷冰冰的,应该是个温暖的地方,是学生最想来的地方。昆明路小学以"心悦模式"为学校系统工程建设的统领,将"心悦"渗透到各个学科,形成了大场域、大视野、大格局的一体化"心悦模式"教育新样态,为学生的品格养成奠基,为学生的文明提升奠基,为学生的素质升华奠基,逐步形成"心悦教育"的大格局。

"心悦模式"的要素是以人为本,它的核心灵魂就是"尊重",要尊重每一位学生,倾听、理解学生的发展需要,关心、关注学生积极的情绪与情感体验,立足长远,按照教育规律和人的发展规律去办学。"心悦模式"就是要从根本上去解决现实中制约学生成长的种种复杂的问题,提升学生的核心素养,为学生与心悦一生相伴打下了坚实基础,帮助每一名学生寻找到克服当下顽疾的药方,不断积累主动发展的后劲,能够走在通向幸福人生的正确道路上。

育人为本是教育的根本要求,促进学生健康成长、发展学生核心素养是学校一切工作的出发点和落脚点。"心悦模式"强调健全人格,身心和谐发展,让学生顺利地融入学校、家庭、社会生活,使之具有国家情怀、民族情怀、家庭情怀。学校教育不仅仅要为学生当前的学习负责,更要为学生长远的发展着想,这与《中国学生发展核心素养》的内容和要求不谋而合,其价值导向与社会主义核心价值观相同。

一、探索 "心悦模式"新经验,形成四级心理干预模式

学校构建了学生心理危机四级心理干预体系,构建专业教师、班主任、学生朋辈及学生心理辅导为主体的四级心理危机防护体系,形成全覆盖、全方位、全员关注的心理健康和危机预警机制,保障学生健康成长。这是一种自下而上的双向多层次干预系统,为有心理问题的学生建立起了快速反应的通道,从而有利于实现心理危机干预工作的针对性、及时性、有效性,确保学生的安全与健康和校园的和谐与稳定,引领学生完美人生。

学校创造性地将班级管理、课堂教学、社团活动和心理辅导有机结合起来,创立了以心育为主导的"管、教、导、领"的工作模式。管,即优化班级管理,定期对班主任进行心育知识和技能培训,引导班主任在班级管理中开展心育工作;教,即将心育理念引入教学,引导和帮助学科教师在课堂教学中渗透心理健康教育理念;导,即开展心理辅导,面向全体学生开展发展性、预防性的心理辅导;领,即引领学生活动,组织引领学生通过各种社团活动提升心理健康水平。

二、健全组织机构,强化制度保障

学校建立了由校领导牵头、相关人员组成的领导小组,集合学校心理专职教师及班主任组成教师团队,确保心理健康教育机构健全,职责明确,运行有效。同时还建立了学校、家庭、社区心理健康教育网络和协作机制,共同探讨心理健康教育工作的有效开展。在制度建设方面,学校构建了全员参与的心理健康教育工作体制,在学科教育教学活动中渗透心理健康教育理念,并在教学实

践中充分体现。在硬件设施方面,学校设立了与心理健康教育工作有关的专项
奖励或研究经费,对心理健康中心进行了改造,并对中心的软硬件配备进行了
持续的升级与改造。

学校深入落实每周的心理辅导工作,以校园心理健康知识宣传月工作为主
渠道,帮助学生形成良好的自我观念,树立理性的价值观,增强他们的情绪调控
能力和耐挫能力,以及建立良好人际关系和适应社会的能力;与课堂教学相结
合,开展以亲子关系、同伴关系、师生交流为切入点,与绘本结合的心理健康主
题活动课,加强学生心理健康教育。

三、加强心理疏导,培养健康幸福的学生

有健康才有美,学生的心理健康尤为重要。面对新时代的学生特点,学校
非常重视心理健康教育和学生生涯指导工作,学校不仅设立了专门机构,还配
备了专兼职老师,随时接受学生的求助。这些工作,不但疏导了学生的心理问
题,而且对于建设和谐的班集体和学生人生规划指导也起到了积极的作用,从
而更好地促进了"心悦学校"目标的实现。

各年级利用班会等时间开展心理健康的团体辅导。倾听、理解、包容、欣赏、
鼓励等正在成为师生以及家长更多想到和运用的沟通与辅导方式。一些问题
比较突出的学生,在家长、教师、同学的积极帮助下,心理与行为问题也得到了
有效缓解。另外,教师还组织了学生修复图书馆受损图书,高年级学生辅导和
帮助低年级学生,爱心义卖等生活实践活动,让学生在真实的体验过程中,不断
锻炼能力与完善人格。

心理健康教育非常关注学生的三个关键期,一是新生入学适应期,二是前
青春期,三是童年末期。分别针对的是一四六年级。一年级有新生适应课,四

年级有男生课堂、女生课堂，开展性别教育。六年级主要是感恩课程和志愿服务课程，积极促进学生的亲社会行为，逐步认识自己与社会、国家和世界的关系。各年级心理健康教育具体工作如下：

一年级通过心理健康教育，引导学生认识自己，提高对学习环境和社会环境的适应能力。培养学生逐步提高乐观自信，负责守信，开拓创新，追求卓越，不畏艰难的正确观念，为拥有积极向上的人生打好观念上的基础。

二年级通过学期教学，培养学生友爱同学，热心帮助别人，不怕困难，努力克服困难的品质。在教学活动中，不断提高学生良好的心理素质，开发学生的心理潜能，塑造学生的健康人格。

三年级通过系统的人际交往心理和技能训练，学会尊重、赞美、初步掌握人际交往的技巧，在谦让、友善的交往中体验友情，学会与同学交往的方法和技巧，提高人际交往能力；通过思维的训练，开发学生的脑力，调动学生的认知能力；培养学生系统化的学习策略和学习态度，使他们能够对学习充满兴趣，并能在学习中拥有快乐和幸福。

四年级锻炼有意识记的能力，增进记忆品质；能够正确对待自己的学习成绩，勤于思考，不甘落后；有集体荣誉感，并掌握一定的社会行为规范，提高学生的社会适应能力；自觉地控制和改变不良行为习惯，初步学会休闲，提高自我保护意识。

五年级富有责任感和进取心，形成良好的自我认识能力；掌握青春期的生理和心理卫生常识，适应自我身心变化，能够大方得体地与同学、异性和长辈交往，勤奋精神和刻苦毅力逐渐养成；形成锲而不舍的个性特征，掌握自我心态、情绪的调适方法，使学生善于控制调节自己，清楚自己的特长和兴趣，逐步树立人生理想。

六年级培养学生树立正确的学习目标、制定合理有序的学习计划、践行有效的学习安排；形成正确的集体意识及友谊观，克服不良的小团体意识，培养面临毕业升学的适当态度，并进行初步的青春期教育；掌握乐观向上的生活节奏，以阳光豁达的态度和行之有效的方法过好自己的人生。

四、树立现代教育理念，打造心理健康特色活动

健康阳光的心理是学生饱满"精气神"的最重要保障。学校根据不同年级学生的身心特点，设计了有针对性的系列心理健康教育课程，帮助学生度过自我同一性的危机，实现自我调整。如通过心理课、小团体心理辅导、沙盘游戏、专家讲座等多种方式，让学生体会爱的真谛，帮助学生形成良好的心态。每年的心育节是全校师生家长最为瞩目的节日，每届心育节学校都有自己的主题。如开展"听绘本、读绘本、创绘本、演绘本"系列活动，得到了学生的热烈欢迎。学校以绘本为载体、以心育节为契机，倡导每个人都要成为快乐因子，释放快乐、传递快乐，为学校、班级、家庭贡献快乐的创意，自己快乐，快乐他人。

"心悦模式"要素与构建是以社会发展需求与人的自身发展需求相和谐为宗旨，协调并整体优化各种教育因素，创设和谐的育人氛围，使学生在德智体美劳诸方面得到全面和谐发展的一种教育模式。它追求的不仅是德智体美劳全面的和谐，也是每个学生情感、意志、性格形成过程的和谐；不仅是某一时期的和谐，也是学校教育各阶段全过程的和谐；不仅是教与学的和谐，也是学校教育、家庭教育与社会教育的和谐。"心悦模式"致力于精心雕塑学生的心灵，努力培养学生的实际能力，用心挖掘学生的潜力，努力创造条件让学生在和谐的人际关系中接受教育，健康成长，为社会培养与自然、与社会、与学生身心发展相和谐的人才。

五、重视时事，关注疫情期间学生心理健康

学校高度重视疫情期间学生的心理状态，并为此采取了一系列活动。

（一）疫情居家期间——提供心理支持

学校在疫情之初就迅速做出反应，成立了线上德育课程领导小组，带领教师们内部挖潜、外引资源，不断丰富课程内容，开展了"智慧引领战'疫'小当家，奋进正当时"系列网络课程。其中有积极心理特色开启个性"宅"生活，主题项目劳动开创美好"宅"生活，匠心艺术教育装点幸福"宅"生活，强身健体科学锻炼提升"宅"生活等。另外，还通过一系列措施为疫情居家期间的学生和家长们提供心理支持。

一是开通心理邮箱。学校开通了服务于本校学生和家长的心理健康关护邮箱，为受到疫情冲击的家庭提供针对性心理疏导。家长和学生们疫情期间情绪稳定，非常支持和配合学校的各项工作。2020 年 2 月 2 日，学校开通了心理关护邮箱，为家长和学生进行心理支持，这也为顺利复学提供了保障。经过层层筛选，赵悦老师从疫情防控之初一直坚守市教委的心理辅导热线。

二是发布心理微课。学校陆续录制了十二节心理绘画微课，为疫情后的复工复学做准备。在学校微官网的"心悦微课堂"专栏发布系列心理微课"赵老师的心理绘画课"13 节（疯狂涂鸦、情绪脸谱、一切会变好的、我的康福熊、朱家的故事、穿山甲的故事、时间树、3.8 女生特辑"我要当公主"、运动与积极想象、心灵手巧之无限魔方、劳动高手征集令、劳动高手风采展）。该微课结合心理教师专长，以心理绘画为主要形式，因为大脑偏侧化理论认为绘画则能够越过语言直接将内心中的情感表达出来。涂鸦绘画以简单易操作的形式使学生表达情绪并体验到积极情绪。在这个非常时期，起到稳定化的作用，而且线上课程也很注意不给学生增加观看电子产品时长的负担，给他们很多动手体验操作的方法。这样的课程设计令学生表达与宣泄情绪，整合心灵，增加亲子沟通趣味性，深受广大学生和家长的欢迎。课程内容包含针对疫情高峰阶段的情绪稳定化和情绪表达课，鼓励女生自信自强的女生课，针对开学适应的时间管理课，促进家庭交流的亲子课、解决任务中出现的困难的问题策略课等。在每课的末尾均增加了选自国家卫健委的"健康中国"或"国家疾控中心"等官方媒体发布的2—5分钟的防范疫情小知识动画片，令学生增长科学防疫知识，形成健康的生活习惯。

三是开展居家劳动。学校积极建立居家劳动实践指导的家校共同体，形成加强居家劳动实践、建立良好居家生活方式和学习方式的家校协同共育的指导机制。推出《最强"小当家"养成计划》，分年级完成必选劳动项目和拓展劳动项目，必选劳动项目中包括如系鞋带、剪指甲、洗澡、洗袜子等自理劳动，也有擦地、收拾房间、清洁卫生间等为家庭服务的项目。拓展劳动项目中包含如炒菜做饭、打扫楼道或社区卫生的项目，也有了解家用电器使用方法和安全事项、查找家庭与社区安全隐患、了解急救常识等自护项目。学校心理中心在放寒假前，布置了"劳动高手28天养成记"活动，鼓励学生居家劳动，提高自理能力。该活动获得学生和家长的积极响应，在劳动节来临之前，在线报送了许多呈现居家劳动的视频与相片。心理中心将素材剪辑成视频"劳动高手展"在劳动节当天进行了全校展播，并从中选拔出优秀作品，进行修改与补充，推选到区里参加市区"战疫心时期·亲子心体验"小学生热爱劳动、感恩父母微视频录制评比活动。

四是加强体育锻炼。根据全民体质健康身体素质要求，结合学生的实际情况，学校制定了每周5天、每天20分钟的"520亲子居家体育锻炼打卡行动"，这样可以有目的、有计划地引导学生开展居家体育锻炼,从而有效地利用居家时间,促进学生身心的健康发展。在新型冠状病毒感染的肺炎疫情防控期间,学生待在家,却不能"呆"在家,适当进行体育锻炼,提高自身免疫力,要让运动成为一种习惯,这也是每位教师的共识。

(二)复学初期阶段——增强心理稳定性

针对后疫情时期的学生心理健康状况,学校提前着手形成了复学后的一对一谈话提纲,在开学前,就对全体教师做了访谈培训,全体教师跟学生进行了一对一谈话,摸清了学生的家庭困难和心理动态。心理中心对教师们上报的问题情况进行了一一核实和追踪辅导。在此基础上,学校通过一系列措施为全面开学做准备。

一是快乐复学。学生在家观看由心理中心制作的《复学早知道》系列微课,了解复课要求,做好复课的物质与精神准备,增强心理掌控感。

二是"从容悦心"心理训练营。受到学习强国的启发,学校为学生设计了为期两周共计 10 次的"从容悦心"心理训练营,以正念冥想的方法为学生赋能,稳定情绪。很多学生反馈说,通过这种方式,能够安稳地坐在教室里上课,不再觉得紧张不安了。活动内容包括,心理稳定化技术体验"蝴蝶拥抱",正念冥想"探访心湖""乘浪而行""沙滩漫步""爱的种子""与山同坐""成为灯塔",正念呼吸训练以及音乐放松。该活动被多家媒体进行了报道。

三是心理健康悦动操。心理中心精选一批积极向上、新颖有趣的韵律操,在每日下午大课间时间供各班自由选择进行活动,供学生在课间跳一跳,活动身体,体验积极情绪,增强学生快乐体验,受到学生喜爱。

四是亲子心理互动营。学校将学生喜爱的悦动操和正念心理训练营的视频、音频发布在智慧校园平台,供亲子居家互动,共同成长。

五是心理危机排查。自开学后，学校心理健康教育中心对全体教师开展了"心理危机识别"的专题讲座和开展"一对一心理访谈"的专项培训，对全体学生开展了心理状况摸底，并由心理专职教师对有特殊需求的孩子进行了一对一谈话。学校的心理健康工作在市教委心理健康工作督导中得到领导的肯定。

六是家长心理健康教育。学校心理中心向学生家长积极推广市心理中心的各类专家讲座线上视频。除了线上丰富的活动以外，学校还邀请天津医科大学教授为家长开展了名为"培养学生抗逆力"的讲座，以此增强家庭的心理健康教育能力。

应家长和学生的要求，学校把这些内容重新编辑，开展了线上的亲子心理互动营。实践证明：只靠理念的传达，在不同的家庭效果并不同。这次疫情给我们的启示是，要增加体验，增加操作性，让亲子在具体的活动中，体会到美好的感受，才能让家长从内心深处有成长的愿望。家长成长了，孩子自然就成长了，学生心理问题也就减少了。因此，学校深入研究怎样从增加积极体验入手，大幅提高家庭心理健康水平。昆明路小学的教育理念是"润泽心灵，悦享成长"，要润泽的是学生和家长的心灵，要成长的也是学生和家长，这才能让教育更加有效。

为适应疫情常态化心理发展要求，心理中心做好对于一年级新生的适应教育工作，带领学生尽快熟悉校园、熟悉同伴，学会与他人交往，增加对学校的归属感。高年级学生心理委员发挥朋辈互助作用，进入对口班级，指导新生在校一日生活，包括洗手、做眼操、介绍学校各种设施设备的使用方法等。学校召开新生家长会，请专家来进行家庭心理指导，缓解家长的焦虑情绪。我们也会更多地向家长展示学生的在校生活，让家长时时了解感受到孩子的成长变化。在教师心理健康培训方面，本学期，学校心理中心对我校和劝业场小学全体教师开展了名为《从"习得性无助"谈教师对学生心理的积极引导》的心理健康培训。对昆明路集团校开展了《心理绘画工作坊》讲座,并做示范课《悦动涂鸦》一节。在此期间,心理健康教师还参加了天津市中小学素质教育类精品微型课、天津市学生心理健康教育发展中心公众号"点心课堂"的微课录制,并作为天津市委教育工委与市教委开通的心理援助热线的心理辅导志愿者为本市广大师生提供心理援助。

教育是一棵树摇动另一棵树,一片云推动另一片云,一颗心感染另一颗心。爱是育人的主题,爱要至真至爱;爱也要遵循学生的心理和认知规律。昆明路小学"心悦教育"像阳光洒在每位学生身上,帮助学生塑造积极向上、乐于奉献、忠诚执著、热情活泼的品质,培育学生关键能力和必备品格,让学生们拥有幸福和谐的人生。

行之力则知愈进,知之深则行愈达。习近平总书记在庆祝改革开放四十周年大会上说:"只有顺应历史潮流,积极应变,主动求变,才能与时代同行。"前一个四十年,我国的教育事业全面发展、震古烁今。新时期、新阶段,昆明路小学还将继续以党和国家的实际需求为目标,博观而约取、厚积而薄发,为天津教育的发展变革锦上添花,在接下来的征程中取得更大发展。

第四节 "心悦模式"的培养体系
▶▶▶▶

　　教育是科学，也是艺术。教育滋润下的学生们，不管是长成"参天大树"，还是"小草小花"，都应该展露美丽，充满盎然的生机。昆明路小学"心悦模式"以中华民族的优良传统和社会主义荣辱观为导向，继承传统，注重创新，将时代精神融入学校文化，注重学生的自主发展，秉承让学生有效管理自己的学习和生活，认识和发现自我价值，发掘自身潜力，提升有效应对复杂多变的环境的能力，满足学生的发展需求，让心悦扎根在学校。学生在每日的课程中投入了大量的时间。因此充分利用积极课程培养这一渠道，其作用不言而喻。

　　教育自产生之日起，就是为了学生的发展和完善而存在，它引导学生向善，帮助学生走向"心悦"。但并不是什么教育都可以培养出"心悦"的学生，只有"心悦"的学校才能以培养出"心悦"的学生，让学生感受到教育的心悦。学校正是承担这一神圣使命的主体，以尊重为核心价值观，建设"心悦模式"的培养体系，从实际情况与办学特色出发，着眼于促进学生全面而有个性的发展、着眼于促进教师教学能力的提高、着眼于促进学校整体育人质量的提升，将国家课程、地方课程和学校课程融为一体，建设校本化、特色化、生本化的课程体系，为培育有素养的学子打好坚实基础。

　　"心悦模式"的培养体系强调多管齐下，通过不同手段的有效结合达到预期教育效果,在促进课程原生动力、创新延伸提高附加效果以及寻求不同角度支持上取得了一定成果。

一、促动力,元素渗透见关怀

首先,要让学校成为一个积极组织,关心教师的心理、身体与生活状况,为教师的发展和心理健康水平的提高创造条件、提供保证。这是教师以积极心态投入到课堂中的必要条件。在教学设计中注重增加积极心理健康教育元素,在授课中注重使用积极语言,在学生小组合作学习中注重团队建设,合理分工,尊重学生个性差异,体现出对学生的人文主义关怀。

二、多创新,提升能力再发展

课题组在原有校本课程基础上进行了创新与系统化,形成了"向日葵课程"。该课程包含五类课程。

（一）积极情绪课程

学校的"积极情绪课"注重体验,针对芭芭拉·弗雷德里克森提出的积极情绪的十种形式进行体会与培养,深受老师的好评和学生们的喜欢。感受宁静、提高大脑机能的冥想课程"沉静训练",要点是身体坐直,呼吸要缓慢,手放在腹部,感受吸气时腹部隆起,呼气时腹部憋下去。如果注意力跑到别的地方了,就请它回到呼吸上。这样的冥想,在家的时候也可以做,学生每天写作业感觉累了,脑子转不动了的时候,都可以通过冥想来让自己轻松起来。这种训练能让学生们在上课、运动、比赛、考试中做得更好,在感到生气、悲伤、害怕、紧张的时候能冷静下来。

提升积极情绪感受的"美好生活记事本"旨在通过观察记录生活中的美好

细节，让学生体验到"平凡的生活中有许多的幸福"，从而提高主观幸福感。学生们通过记录美好事件发生的原因，对身边人或物产生感恩的情绪，并体验到关注正面事件的好处。

提升情绪体验能力的"品味美好"通过帮助学生体会和理解"品味"的含义，让学生学会使用品味的方法去感受，放大对美好的感官体验。

"我手画我心"活动旨在通过绘画，让学生了解自己的内心世界，挖掘心中的积极力量。感受宁静、体会心流促进内心整合的"悦心曼陀罗"让学生更加放松，更好地应对压力，通过冥想与曼陀罗绘画提高学生记忆力、注意力等学习能力，实现宣泄或表达情感，促进学生内心的整合，促进与大自然的力量与智慧的联结，体会绘画时的积极情绪与心流。

逗趣的"趣味涂鸦"通过涂鸦让学生宣泄情感，体会心灵的自由，以绘画形式激发学生的积极情绪，产生心流，传递一种抒发情绪的方法。共同体验喜悦、爱与感激的"团体绘画"和"信任之旅"，帮助学生体会团体合作的乐趣，激发积极情绪，通过交流体会，明确在团体合作中"尊重他人"的重要性，感受"尊重他人"以及"被尊重"的舒适体验，促进人际良性互动，增加积极情绪体验。

"名字小精灵"通过有趣的名字变精灵绘画活动，培养创造力和想象力，激发积极情绪。让学生通过展示交流，感受自我与他人丰富多彩和奇妙的想法都是值得欣赏的。改善对焦虑的认知，缓解考试焦虑的"焦虑的神奇功效"让学生了解考试焦虑的作用，掌握缓解焦虑情绪的方法，增强学生坚持学习的决心。

（二）品格优势课程

这是让学生发现和发展自身品格优势的课程。"品格优势我知道"，结合清华大学心理系对"心悦教育"中的品格优势的引入与阐述，引导学生了解品格优势与六大美德；"解读幸福密码"，使学生从自己的角度理解品格优势；"我的优势树"，通过讲述自己的故事，发现自身品格优势；"家族优势树"和"他人优势集"，发现他人的品格优势，包括同伴、家人、老师以及古今中外杰出人物、时代楷模和影视作品中人物的品格优势；"品格优势清单"通过思考讨论形成令品格优势得以进一步发展的具体行动方案；"品格优势打卡"依据清单开展每日打卡活动，鼓励学生在学习与生活中发展品格优势。

（三）生涯发展课程

该课由家长作为引领者，学校可请家长进入课堂，也可将学生带到家长实际工作的场所中去。学校要充分运用家长资源，采取各种有效形式让学生了解各行各业，作为学校教育的补充，开阔学生眼界，埋下职业发展的种子。

（四）游戏拓展课

该课主要由班主任实施，心理教师提供帮助。课题组从学校心理中心开展过的团体心理游戏活动中精选出十六个实施效果好、易于操作的团体游戏编辑成《团体心理游戏手册》，对班主任进行培训，利用班校会课带领学生开展活动。

（五）绘本创作课程

以学校图书馆为依托，开展绘本创作课。该课程主要包含两种创作方式。一是品读绘本，感受主人公内心思想与情绪，或抒发自己的阅读感受，对绘本进行延续创作；二是鼓励学生将自己对世界的感知用绘本的形式表达出来进行自主创作。学生的作品既可汇集成册，也可由学生配音后做成视频，与全体学生分享。

三、会延伸，社团订制显灵活

课程延伸主要是通过社团延伸和因材施教两大核心要点来进行。

（一）社团延伸

在社团拓展课中，着重培养学生课外的兴趣特长，学生由此产生的上进心和自豪感，是他们个性化发展的重要前提之一。

学校采取团体绘画、团体沙盘、团体游戏、阅读欣赏、劳动促进等多种形式，利用素质拓展活动时间，每周开展两次，每次一小时。

由于每学年重新分配社团成员，其灵活性较高，教师可以开设男生社团或者女生社团，也可不区分性别招收成员，根据成员的不同特点开展活动。

（二）因材施教

因材施教的具体实施方法中最重要的是个体定制课。针对有特殊需求的学生，以一对一的形式在心理辅导室进行。由接受过长期心理辅导训练的心理专职教师通过沙盘游戏、绘画技术、游戏等方式对学生进行积极辅导或干预，帮助学生解决情绪的困扰或心理的问题。

四、寻支持，不同角度求合力

人才教育不仅局限于课程本身，还要有丰富的活动和资源支持。

（一）积极活动——教育附加效果的实施载体

课程之内的教育效果是最基础的，在此基础上要寻求有效的附加效果，而这一目标的实现依赖于积极活动。积极活动是课程延伸的载体，以发展学生品格优势、体验积极情绪为目的，增加学生参与的积极性，注重对课程的延伸。例如在培养某些品格优势时，允许学生用较长时间观看相关绘本或视频，运用各种形式表达自己或他人的品格优势，如口头表达、故事汇编、表扬卡片、绘画表演等。也有的需要通过以班级为团队的长期活动来进行培养。如学校开展的心运会、"凝心聚力"拔河比赛、"心悦杯"足球嘉年华等活动。以体育运动为载体,促进学生在团队活动中发展品格优势,感受团队凝聚力。

(二)第三方资源——学生全面发展的有效奠基

学校还积极挖掘家长资源、校外资源,为学生提供支持。如与高校签订合作协议,为学校积极心理健康工作进行理论指导,如与天津师范大学心理学部签订协议,成为学部首个基础教育实践基地。邀请多位心理学教授到学校为教师开展专业的心理培训,带来前沿的心理学理念,提升全体教师的专业化水平;学校与安定医院青少年心理科进行合作,在专家的支持下开展医教结合工作。一些有心理问题的学生,也会被及时转介给青少年心理科,让学生和家长得到专业的医学指导。

学校积极践行高质量的办学理念,加快学校整体发展的积极举措,为学生的身心健康发展提供多方面资源。

学校教育工作的全部意义就是为学生提供适切的课程。课程是教育思想、教育目标和教育内容的主要载体,直接影响育人质量。"心悦模式"的培养体系以"心悦"的学校为基础,以"心悦"的环境为依托,以"心悦"的管理为保障,以"心悦"的行为为外显,让师生享受心悦,实现师生心悦发展。如今,"心悦模式"在昆明路小学落地生根,"心悦"在这所学校的方寸天地里成为润化心灵的信仰。

第五节 "心悦模式"的课程建设
▶▶▶▶▶

一、"心悦模式"课程建设的背景

树立以提高质量为核心的教育发展观，注重教育内涵发展，鼓励学校办出特色、办出水平，出名师，育英才。如何评价学校的办学特色？关键是育人，而课程改革的出发点和归宿点就是学生面向未来的全面发展。所以学校特色最终应体现在课程建设上。

众所周知，中国学生崇尚读书、热爱集体、学习刻苦、理解水平高、逻辑思维强，但在知识面、实践能力、创新能力以及在适应性、独立性、个性特点等方面，往往不占优势。造成这种局面的原因是多方面的，课程设置、实施欠科学是重要原因。课程在学校教育中处于核心地位，教育的目标、价值主要是通过课程来体现和实施。缘于此，学校必须整体构建课程体系。

二、"心悦模式"课程建设的意义

（一）对学生终身发展的意义

课程建设的核心理念是以"学生终身发展"为本，就是要将学校课程的实施与学生的终生发展需要相结合。学校要研究如何将学生的核心素养的发展需要与课程体系内容和框架有机融合，发挥最大的效果。学校课程体系的建设与实施，为学生核心素养的形成提供了有效载体，注重学生理想信念和核心素养的培养；关注课程建设综合化、主体化发展；关注培养学生的学习体验、动手实践及创新意识，这样的教育才称得上是成功的教育。

（二）对推动教师专业化成长的意义

课程是学校得以存在的根本，因为有了系统的课程，学校就有了家庭教育和社会教育不可替代的作用。课程是教师教学的框架体系、目标标准和评价原则的总称，国家课程的校本化与教师的教学技能的发展密切相关，校本课程的精细化与教师的文化内涵的发展密不可分，因此课程建设对教师的专业发展起到决定性的作用。

（三）对学校可持续发展的意义

建设有特色的学校课程体系是推进当前中小学课程改革的重要途径和手段，旨在解决过去课程改革中出现的只是片面追求课程数量、规模，忽略系统思考和整体设计，造成课程建设"碎片化""分散化""割裂化"等一系列问题。而这些问题恰恰又反映了学校课程建设水平和校长教师把握课程的领导力，这些制约和影响学校的内涵、创新和可持续发展。

学校以"心悦教育"为载体，建立并完善能满足学生全面素质发展和创新人才培育所需要的课程体系与教学机制。学校以国家课程特色校本化为着力点，在教育信息化背景下，准确把握学生发展的核心素养，构建集基础性、综合性、活动化、多元化于一体的，学生悦学、教师悦教的心悦课程体系，将其落实到课程建设的各个环节中。引领学生健康成长成就梦想，带领教师快乐工作成就幸福，达成学生悦其成长，教师悦其事业的目标。

三、"心悦模式"课程建设的要素

学校以"整体优化，和谐育人，轻负高质 全面发展"为办学核心理念，以"心悦教育"为学校教育主题，以"润泽心灵，悦享成长"为育人理念。课程设置遵从"引领学生健康成长成就梦想，带领教师快乐工作成就幸福——悦学悦教"的理念，课程目标倡导优质化、多样化、国际化，学生培养目标为明德、益智、尚美、健体、长技、创新的"6+N"理念。心悦课程建设期待培养学生厚德笃行、担当尽责的良好品行，具有社会之心的明德素养；热爱学习、主动求知，具有一颗智慧之心的益智素养；艺美怡情、才艺修身，具有一颗审美之心的尚美素养；强身健体、阳光心态，具有一颗健康之心的健体素养；长技显能、实践体验，具有一颗技能之心的长技素养；善于思考、勇于探索，具有一颗创新之心的创新素养。最终，学生成为学习之主人、学校之主人、国家之主人、时代之主人、未来之主人。

四、"心悦模式"课程的结构设置

（一）"心悦教育"课程体系整体框架结构

依据课程理念，学校积极构建基础性、拓展性、自主性、开放性的课程形态，围绕核心课程分成基础、拓展、探究三阶落实。为学生多元发展、自主生长创设广阔空间，学校尝试将地方课程、校本课程和特色素拓课程统筹规划，利用课程将教育与教学融为一体，按照学校既定的育人目标，规划为明德、益智、尚美、健体、长技、创新"6+N"的理念全面推进素质教育。

（二）"心悦教育"课程体系象形图解

学校具有传承人类知识的天然使命，更承载着涵养时代文明的独特功能。课程则是体现学校社会价值的产品和载体。"悦其心以明德，心之悦则立人。""心悦教育"课程体系的建构力求让学生在多样化、个性化的课程中充分体验成长的喜悦，获得一生行走的精神力量。

"心悦教育"课程体系将学科必修课程分为基础层、拓展层和探究层，落实分层教学和因材施教，同时通过校本课程和素质拓展课程两大载体，达成育人目标。采用自主选修、预约定制、跟踪引领、展示绽放、师生联动、家校携手、社会引进等多种途径，在教学课程、自学课程、体验课程、游戏课程、心理健康课程、个体微课程等多类型课程的学习中。

"心悦教育"课程体系象形图

六颗心分别代表社会之心、智慧之心、审美之心、健康之心、技能之心、创新之心。

"心悦课程"三层、六类、七途径的结构设计为四阶递进的关系，按照不同类型功能覆盖每一个学生在校的学习需要，以供每个学生在教师指导下进行学习。

一阶——严格按照国家课程标准完成教学目标与基本课时的基础课程，体现国家对公民素质的基本要求（即共同基础），着眼于促进学生基础学力与基本素养的高水平发展。

二阶——以学科知识体系为主线，以主修、辅修为学习形式的拓展课程，着眼于公民素质的发展性的要求，满足学生不同方向与不同层次的发展需要。

三阶——以探索实践创新能力培养为目标，以选修形式呈现跨学科的校本特色课程。创造环境条件，配合专业指导，让每一个学生都有充分发展的机会，激励学生自主学习、主动探究和实践体验。

四阶——围绕体现共同核心价值的学习目标，在自主参与基础上，以主题活动等形式开展特选课程。不仅是学科知识的整合，更是德育渗透与泛化的体现；在充分思考与准备的前提下通过实践活动，实现立德树人的功能。

五、"心悦模式"课程的教学方法

（一）整合活动法

整合活动法将学生能力培养融入生动活泼的课堂活动中，这种"探究性学习"活动之中，将学生的兴趣爱好引入学科学习的范围。用于课中活动，用于培养学生个性和发展学生的能力。整合活动课是国家课程整体突破的标志之一，这种课型的任务是将学科知识的渗透、学科能力的培养，融入生动活泼的训练、比赛、娱乐、游戏、演出等丰富多彩的活动之中,开拓学生学科学习的视野,将学生的兴趣爱好引入学科学习的广阔视野。

（二）学导式教学法

这种教法的特点是把教学的重点放在学生的"学"上,使学生掌握基本的学习方法,提高独立学习的能力。其教学基本结构:"自学—解疑—精讲—演练",让学生在学习实践中提升学科素养。

（三）主题循环教学法

主题循环法适用于整合课程。它与主题单元不同,主题循环集中于全部课程的某一个研究领域,如天气。阅读报纸上的天气预报并写出天气的变化会如何影响人的室外活动,这样的内容能作为写作的参考;用图标表示每天室外温度的升降变化,作为数学的参考;阅读有关受天气影响的历史事件的资料,作为社会学科的参考;研究云的形成和气压影响,作为自然学科的参考,等等。主题循环自然会逐步形成新的主题,因为新的、相关的问题被不断地提出来。

（四）思维导图教学法

思维导图又叫心智导图,是表达发散性思维的有效图形思维工具,简单有效,是一种理想型的思维工具。思维导图运用图文并重的技巧,把各级主题的关系用相互隶属与相关的层级图表现出来,把主题关键词与图像、颜色等建立记忆链接。思维导图充分运用左右脑的机能,利用记忆、阅读、思维的规律,协助人们在科学与艺术、逻辑与想象之间平衡发展,从而开启人类大脑的无限潜能。因此,思维导图具有人类思维的强大功能。

（五）合作互动教学法

教学过程采取互动式,促进师生间的交流与沟通,打破了传统的"一言堂"。在应用思维导图的教学过程中,学生为主体,教师作为引导者,这样可以充分发挥学生学习的主观能动性。在教学过程中,教师主要起到是作积极正面引导的作用,并指导和解答学生在完成学习任务过程中遇到的问题。师生间保持比较自由的交流和沟通,这样能让学生有更大的发挥空间,根据学生自己的实际情况制定合理的学习计划。

（六）自我探究学习法

指导学生进行研究性学习。教师以思维导图指导学生确定探究步骤和研究内容;学生运用思维导图调控,并记录思维过程,整理研究成果,组织研究报告,这样可以牢牢地把研究性学习过程固定在特定主题上并能有效提高学习效率。

（七）Pad（平板电脑）辅助教学法

教师掌握了 Pad 辅助教学法,其互动功能可以直观反馈学生对学习内容的情况,教师可以更有针对性地开展教学活动。

（八）形象分析教学法

"解决问题"的教学目标是培养学生提出问题、分析问题、解决问题的能力,体会数学知识在解决实际问题中的作用。这里让学生学会分析数量关系,明确解题方法。

（九）"布白"教学法

追求启发思维的实效,"布白"艺术,即指在教学中要留有余地,让学生在利用想象填补空白的过程中,追求启发思维的艺术效果。因此,这种"布白"有利于激发学生的求知欲,提高学生提出并探究解决问题的兴趣。一般说来,教学中过于"实",往往只能使学生记住条条框框,囫囵吞枣地生搬硬套。唯有化实为虚,使教学中有问题可供学生思考探索,才能形成无穷的意味、幽远的意境。

（十）明线暗线整合教学法

明线整合：可以根据教学内容的特点进行整合。有的数学知识可以突破课时的要求，将内容上有联系的部分串接在一起，作为一节课的主题，这样可以进行主题式教学。暗线整合：可以根据解决问题的方法进行整合。数学的思想和方法有很多，由于其实质是一样的规律，所以可以将相同的解题方法的内容进行整合，使学生体会到数学知识本身的内在联系。

六、"心悦模式"课程的实施情况

学校把基于"心悦教育"理念下的课程建设与促进学生的公民素养的提升相结合，力求体现"心悦课程"的育人功能。"心悦教育"课程体系既是基于促进教师理性思考与专业发展的课程建设而构架，又是基于为给学生的多元发展、自主生长创设更加广阔的空间而架构。

（一）人人参与

本课程体系是基于学生学习需求的建构，以"有机整合"和"多元创新"为主要建构形式，师生联动，人人参与。学生根据自己的兴趣、爱好，可以自主选择选修课程，在学习过程中随时与教师沟通，他们还可以通过学校定期的专题调查问卷提出自己的学习愿望。学校要求每一位任课教师都参与课程实施和整合，并根据自己的特长和爱好进行自主研发，真正做到人人参与。

（二）多元自选

学校给予教师充分的课程选择或设置自主权，教师根据个人优势和教学愿望，可独立也可自由组合群组，进行是国家课程的整合、地方课程的延伸以及拓展型课程的研发。学生在完成国家课程必修学习基础上，享有充分的校本课程选择权，为学生多元发展提供广阔的平台和丰富的资源。

（三）以课程内容满足学生的个性发展

坚持全体学生的全面发展，坚持学生知识与能力、过程与方法、情感态度与价值观等多维目标的全面发展，坚持学生的个性发展，坚持学生终身可持续发展，坚持个人和社会的和谐发展。

（四）以课程建构的校本化统整与创新，满足教师的专业成长

首先，根据国家课程、地方课程实施要求和学校实际，尤其是师生的成长需求，进行整合、补充、拓展和优化，使之更符合学生的学习需求和教师的教学专长。

其次，结合学校的办学理念、学生实际、教师特点和学校、社区、地域资源进行校本课程和学生素质拓展活动的研发建设，构建基于奠基未来的富有时代精神，体现多元开放、多层次、可选择的校本课程体系，扩大学校教育、教师教学和学生学习的自主权，引导学生自主学习、自主选择、自主发展。

七、"心悦模式"课程的评价

（一）重视对学习过程的评价

在学习过程中，要考查学生是否积极主动地参与学习活动，关注他们的参与程度、合作交流的意识与情感态度的发展，同时也要重视学生的思维过程。对参与程度的评价，应从学生是否主动参与学习活动等方面进行考查。对合作交流意识的评价，应从学生是否乐意、能否主动与同学进行交流与合作，是否具有学习的兴趣等方面考查。对学生情感、态度的评价，应结合具

体的问题情境,随时了解每个学生学习的主动性与对学习的兴趣、对学习思维的评价,教师可以通过平时观察,了解学生思维的合理性、灵活性,考查学生能否清晰地运用学科语言表达自己的观点。同时,教师应注重对学生日常学习和发展的评价,关注学生在学习中的点滴进步和变化,及时给予评价和反馈。

(二)建立开放、和谐、宽松的评价氛围

创设开放的评价氛围,不仅有利于学生从被动接受评价转变为评价主体,还有利于学生积极参与数学活动。比如开展生动的自评互评活动,就可以在和谐宽松的氛围中激发学生的探究欲望,使学生在学习过程中不断体验进步与成功,也能让教师根据学生的具体情况更好地开展教学,使课堂教学变得更加有效。

(三)评价方式多样化

教师应采用多种评价方式,形成清晰的评价轨迹。可以采用个人、小组与教师评价相结合,口试、面试和笔试相结合,定量与定性相结合的方式等,帮助学生"扣好人生的第一粒扣子"。学校为每个孩子搭建展示的舞台,提供多维选择的空间,全面助推学生的多元成长,让每个学生体会到只要你在某个方面付出了努力就能获得公正的、客观的评价。

(四)关注不同层次学生的评价需求

每个学生都有闪光的地方,抓住闪光点进行评价,就会激发学生的学习兴趣,增强其学习动力,最大程度地发展。对部分学习速度慢的学生在评价中要保证不伤害他们的自尊心,以学生个体纵向发展做比较,就可以看出学生在不同阶段各个方面的发展程度,看其在原有基础上提高了多少,本节课比上节课进步了多少,树立学习的自信心。

八、"心悦模式"课程的保障

学校成立了深化课程改革与实施工作小组，建立并将不断完善与课程改革相关的配套制度以促进学生悦学，教师"悦教"的课程开发和实施的多元发展性评价机制，发挥评价的导向和激励功能，关注教师和学生的成长过程。同时加强学校教师队伍的建设，充分发挥教研组功能，加强校本课程开发团队建设，期待形成教师个人开发和学校特色课程团队开发的多元开发格局。

九、"心悦模式"的教学模式

近年来，学校以国家课程特色校本化为着力点，初步探索并构建集基础性、综合性、活动化、多元化于一体的，学生"悦学"、教师"悦教"的"心悦课程"体系，引领昆小学子成就梦想，带领昆小教师成就幸福。

依据课程理念，学校积极探索研发了适合学生多元发展、自主生长的教学模式，使其明德——明德笃行担当尽责、益智——热爱学习主动求知、尚美——艺美怡情才艺修身、健体——强身健体阳光心态、长技——长技显能实践体验、创新——善于思考勇于探索。学校把这种教学模式命名为悦思创学教学模式，即 H-T-C-L 教学模式，目标是把学生逐步培养成会悦思且能创学的学习的主人、学校的主人、国家的主人、时代的主人、未来的主人。

（一）悦思创学（H-T-C-L）教学模式内涵

H-T——Happy thinking.（快乐地思考）

Happy thinking, be happy in thinking.（快乐地思考，在思考中得到快乐）

C-L——Creative learning.（创造性地学习）

Creative learning, be creative in learning.（创造性地学习，在学习中学会创新）

H-T-C-L教学模式是以心悦教育课程理念为指导，以建构主义理论为基础，在开放教育的环境下，通过整合资源、任务驱力、实时调控学习心理的方式，让师生在多角度、多层次、多方式、多主体和谐交互教学活动中，最大程度激发主体意识和创新欲望，生成悦思创学的高效课堂，使学生会悦思、能创学。

从一堂课的过程看，是学生参与度高和学生思考问题深刻的课堂；从一堂课的效果看：是教师学生心悦意达、知识技能当堂落实、学习延展效益长时。H-T-C-L教学模式更加关注师生的教、学过程，更加关注学生的心理需求和精神的成长，更加关注师生的可持续学习的共同发展，通过H-T-C-L高效课堂转为悦思创学的高效学习，从而养成可持续终身学习的能力。

（二）悦思创学（H-T-C-L）教学模式特点

1. 创造性地教、学。本模式旨在促进教师创造性的教，培养学生创造性的学，让课堂成为师生共同的创造力生产的平台。

2. 建构性地教、学。以学生发展为本，学生在师生共同营造的适宜的课堂生态环境中，自主学习、互教互学、质疑释疑，完成共同建构、迁移、应用，获得知识、形成能力与情感协同发展的悦学创思课堂。在这样的课堂中，课堂是围绕师生的教学活动柔性贴合展开的，学生在活动中体验，在探究中生成，在互动交流中共享，在教师点拨中明晰疑惑与知识结构，在迁移应用中巩固知识和发展能力，在选择性学习中发展个性特长，实现学生全面发展和个性成长。

3.互动性地教、学。以培养学生自主意识和创新能力,以"让学生爱学、会学、善学"为目标的教学结构。在教学过程中,师生关系及相互作用得到调节,形成和谐的师生互动、生生互动、学生个体与学习中介及个人环境互相影响,从而产生有效教学共振、达成高效教学效果。

4.开放性地教、学。在教学过程中始终把学生看作处于不断发展的学习主体,看作是一个身心不断构建、升华过程的人,始终把教学过程当作一个动态的、变化的、不断生成的过程。

5.宜心性地教、学。在适合学生个性化学习的生态课堂中,注重尊重和倡导学生有不同的进步与发展,注重实时调控师生教与学的心理环境,让学生悦学中主动建构、自主内化,互教互学,共同提升。

(三)悦思创学(H-T-C-L)教学模式实施

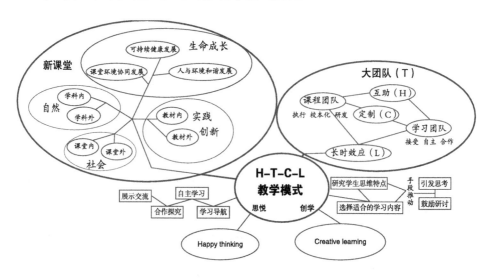

"悦学创思"教学模式

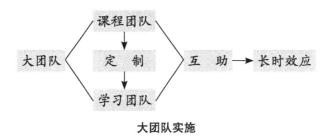

大团队实施

　　一位学科教师很难做到统筹整个课程,而课程团队的建立则有利于助推教师个体的课程执行力、校本化重组力、课程研发力的快速提升。同时在H.T.C.L模式中要求课程团队具有极强的"学生学习"意识,在课程的执行、校本化以及研发过程中,要围绕学生团队的学习为学生群组定制满足学生个性学习需求的课程内容并设计实施方案。学生根据学习需要选择接受学习、自主学习与合作学习,虽无定法但强调要有利于培养学生的实践才能,有利于培养学生的创新思维,有利于培养学生的协作精神。两个团队的核心发展力是团队互助,将"团队合作"的软能力渗入课堂,最终达成师生双轨并进,长效发展的硬实力效益。

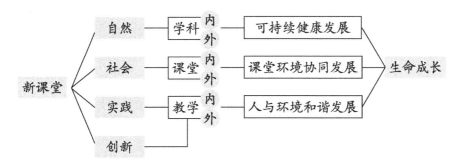

新课堂实施

　　心悦教育课程体系下的悦思创学新课堂是着眼未来,以生命成长为目标的发展性教学课堂。其关注从认知领域到生命全域的发展,关注的是人的可持续健康发展，关注人与环境的和谐发展，重视课堂环境中物质环境、人际关系环境、文化环境、制度环境、心理环境、情绪环境的协同发展。心悦课堂是民主、愉悦、前瞻的新课堂，是实现学生多样化学习方法的新课堂，是融合自然、社会和实践、创新的新课堂，是促进师生共同长效发展的新课堂。

第三章 ▶▶▶▶▷ "心悦教育"的学校文化

　　文化建设是学校办学水平的集中体现,是实现学校改进与优化的基础保证。文化是学校的灵魂与血脉,文化的梳理就是寻根的过程。一场"刨根问底"的挖掘之后,昆明路小学更加坚定走"心悦教育"发展之路。围绕精神力、执行力和形象力,构建了"心悦"文化战略纲要的基本框架。"建津派一流品质学校,创中国教育品牌"是"心悦"文化的学校愿景,即立足天津市,领跑小学教育综合改革,为津派教育再创辉煌夯实根基;放眼国内,力争使学校在全国具有一定的知名度和名誉度。学校在"心悦教育"文化的引领下,担起责任,薪火相传,播种希望,谱写内涵发展、特色发展的篇章。

第一节 "心悦教育"的办学理念
▶▶▶▶

树立以提高质量为核心的教育发展观,注重教育内涵发展,鼓励学校办出特色、办出水平,出名师,育英才。学校的特色与水平,必须建立在能真正促进师生生命成长、为中华民族伟大复兴奠基助力的基础之上,并以是否切实履行了时代赋予教育的责任与使命为衡量标准和依据。面对新时代发展对教育的要求,面对从师生对未来发展的美好期待,学校以"心悦教育"建设为契机,不断统合发展资源、更新教育理念、创新教育教学方式,把尊重作为学校的核心价值观,通过不断地实践和反思,逐渐形成具有学校特色的学校文化体系。学校在这一良好的教育生态下,形成了"润泽心灵,悦享成长"的办学理念,"心悦教育"特色日益鲜明。

20世纪80年代至今,学校凭借精细务实的管理、素质精良的队伍、轻负高质的教学、全面发展的学生而享誉津门。老校长于秀媛提出的"全面实施素质教育,促进学生全面发展,对学生全面负责,全面提高学生素质"办学理念,培植了昆明路小学"学生第一"的办学基因。这为确立"心悦"文化奠定了坚实的历史基础。

天津市和平区于2013年率先提出整体构建"奠基未来"教育文化体系,旨在创建面向未来的教育文化体系,为培养未来世界创造者奠定基础。未来社会是一个不确定的社会，面对种种不确定性，学校传授给学生的知识有些会过时，在此背景下，如何使学生可以更好地适应未来社会呢？

昆明路小学始终坚持文化立校的战略，走内涵式发展之路，引领学校各项工作步入了科学、规范、高效的良性发展轨道，对内激励师生奋进，对外展示了学校形象、办学经验和教育成果。本着文化育人、制度育人、活动育人的原则，学校坚持以学生发展为本，以教师发展为重，贴近师生生活，为师生营造安全、温暖、快乐的学习环境。学校搭建实现多元发展的实践探索平台，让师生在学习工作中体验成长的快乐，让师生充分感受教育的幸福，促进师生乐观自信，积极主动地进行多元探索、多元发展，从而使学校真正成为"润泽心灵 悦享成长"的精神家园。学校通过建设"心悦"文化培育学生的潜在的积极力量，进而培养学生的信心、坚韧、自控、勇气等核心素养，以迎接未来社会的挑战，更好地实现奠基未来。

昆明路小学按照面向现代化、守正出新、面向未来的要求，以改革创新为动力，以提高教育教学质量为核心，全面实施素质教育。学校把尊重作为核心价值观，视家长为最重要的育人伙伴，积极帮助每一个学生在德智体美劳全面发展的基础上，充分发展其特有的潜质。学校致力于使学生热爱学习、独立思考、明辨是非、团结合作，具有社会责任感、创新精神和实践能力，真正成为"心悦"幸福生活的拥有者和创造者。

"润泽心灵，悦享成长"的办学理念就是用生活润泽童心，用行动践行智慧，用真情诠释教育。学校坚持"心悦教育"特色办学，为生命成长奠基，让教育自由呼吸，传递生命的温度，齐心协力创建学生快乐、教师幸福、社会满意的学校。

同心同德、群策群力是学校推进"心悦教育"的动力，也是学校迈向未来的底气。学校以"昆小精神"提升师生的责任品质，用"心悦教育"促进内涵发展，开创"人人关心、事事渗透、时时体现"的新局面。所有荣誉和成绩的取得都非一朝一夕之功。探索积淀,砥砺前行,造就了如今的昆明路小学。教育的追求永无止境,完善的教学规划、创新的课改方案、积极的德育建设,全体师生不断地为学校发展增添动力。学校以学生的终身健康发展为目标,继续迎难前行,用奉献和汗水谱写出一首属于自己的教育诗篇。

第二节 "心悦教育"的核心内涵
▶▶▶▶

20世纪80年代，联合国卫生组织给健康下了一个新的定义："什么叫健康？健康不仅仅是没有疾病，它包括身体健康、心理健康、交往健康和道德健康。"就是说，如果一个人身体上没有什么病，但心理上不健康，心理素质不好，或者他对社会适应不好，那么不能称为健康。

在竞争日益激烈、学习压力越来越大的今天，心理有障碍的学生越来越多，其中小学生的心理问题近年来呈上升趋势。相关资料表明，我国青少年行为问题的检出率为12.97%，在人际关系、情绪稳定等方面的问题尤为突出，有焦虑不安、恐惧、神经衰弱和抑郁情绪等问题的人数占青少年总数的16%。心理障碍已成为青少年身心健康的头号大敌，心理健康教育已成为学校教育管理和学生成长的重点工作。

习近平总书记在全国思想政治工作会议上指出，要注重以文化人、以文育人，广泛开展文明校园创建，开展形式多样、健康向上、格调高雅的学校文化活动。小学阶段是一个人身心成长与发展的关键时期，小学教育担任着涵养人格素养的使命。文化育人对于小学教育而言尤其重要。教育必须牢牢把握文化育人这一环，为孩子系好人生的第一粒扣子，上好人生的第一堂课。

质量是教育的生命线。办好一所学校，提高教育质量是教育者肩负的重大使命。以内涵式发展保持学校的生命活力,是学校一直深入探索的现实课题。

学校的"心悦教育"研究与实践,就是在借鉴中外专家积极心理研究理论基础上,根据学生的生理、心理发展特点,以人的向善性为价值取向,运用积极的内容、方法和手段,通过开展积极心理健康教育,从正面发展和培养学生个体的积极心理品质,防治各种心理问题,促进每一名学生身心全面和谐可持续发展。

在实践中,学校进一步丰富和提升了"心悦教育"的内涵,把教育对象由之前仅关注学生扩展到学校里的所有人,即通过专业、科学的心理健康教育满足师生在情感、尊重、成就及自我实现等方面的心理和情感需求,焕发师生的愉悦潜能,并将此融入生活、成长和生命过程中,以积极的心理与行为模式更有效地适应未来的需要,为自己的终身可持续发展和幸福人生奠定基础。

"心悦教育"的核心内涵是通过培养师生的积极心理品质,使师生获得身心愉悦体验,形成适应未来社会需要的生存发展能力的学校文化。"心悦教育"具有以下三个特点:第一,全员性。"心悦教育"的对象不仅包括学生,也包括教师;要通过"心悦教育"满足师生在尊重、成就及自我实现等方面的需求,培养师生积极健康的心理品质。第二,体验性。人的生命是"精神的生命、智慧的生命和价值的生命",对教育的爱、对学生的爱应是发自肺腑;"心悦教育"关注师生内心的愉悦、精神的愉悦,使师生都能够体验愉悦、享受愉悦,成为自己生命成长的创造者。第三,成长性。"心悦教育"在使学生"悦"其成长、教师"悦"其事业,使师生以积极的心理与行为有效地适应自身的变化,适应社会的发展,适应未来社会的需要。

"心悦教育"四个字本身就有着深厚的内涵,在字典里,"心"即心脏,古人认为心是思维的器官,因此把思想、感情都说做"心"。又由思维器官引申为心思、思想、意念、感情、性情等,又引申为思虑、谋划。"悦"的解释很简单,直言所想,一吐为快,即为高兴、愉快的意思。《说文系传统论》中写道:"悦,犹说也,拭也,解脱也。若人心有郁结能解释之也。"悦是人心中的郁结消散,也就是轻松愉快的心情。

"心悦"是"心"与"悦"的邂逅。"心"是"悦"的方向,"悦"是"心"的实践。"心悦教育"就是指学校坚持以学生发展为本,以教师发展为重,贴近师生生活,为师生营造安全、温暖、快乐的学习环境。"心悦教育"也是学生与学校的互相成就。学校基于为学生幸福人生奠基的初衷,为教师专业化成长搭台,师生构建学习共同体,学在其中,乐在其中,让学习成为学校、师生发展与成长的核心能力,为终身学习、终身发展奠定坚实的基础。另一方面,学生的每一次微笑、每一回进步、每一段负重前行,都在创办管理规范,质量上乘,特色鲜明的优质学校的前行道路上迈出了坚实的一步。

建设"心悦"文化,就是要让师生处处感受成长之愉悦、成才之快乐、成人之美好。为了建设"心悦"文化,学校围绕着"境""基""源""本"确立了四步走战略。

一、打造心悦校园,营造心悦氛围之"境"

从学生的视觉角度改变校园,从环境教育的角度装点校园,营造集人文味、书香味、平安味、科技味、信息味、国际味于一体的创意校园。站在学生的立场,改造学校的教室、办公室、活动空间等,力争空间布置有内涵、有创意、有灵性。

以书香味为例,为了积极创建泛在的阅读环境,学校为低年级学生创建了绘本馆;在楼道内增设"悦童书屋""润心园"等开放读书空间;在每间教室设有"红领巾读书吧"供学生们尽情阅读;在校园党史馆特别增设党员读书之家,方便党员教师专题阅读。学校还添置了智慧借阅系统,各楼层走廊均安装电子借阅书柜,将馆藏资源及时推送到各楼层,方便师生借阅。此外,学校积极与本地图书馆开展馆际合作,成为市区两级图书馆的基地学校,师生可以充分享受丰富的馆藏资源,在学校的电子阅读机上可以随时在线阅读。这些自由开放、无处不在的阅读资源,让阅读不仅成为师生的优秀习惯,更成为一种生活中的高雅享受,让昆小人不断获得自信前行的力量。

二、塑造心悦教师,夯实心悦文化之"基"

教师是育人的关键,教师的样态决定了学生的样态。学校尝试从多角度切入,整体提升教师的积极心理品质。学校关注教师个性发展,点燃梦想;幸福的教师往往把教育当成事业,不断地超越自我、发展自我,从而体验和守护职业幸福感。因此对教师来说,全面塑造和不断提升自身素质,追求个性发展是提升积极心理品质的必由之路。

为了激发教师的个性潜能,增进教师的积极体验,为教师积极心理品质发展提供更肥沃的土壤,学校不只限于通过课程改革让教师向复合型人才转变,培养其创新思维,激发教育机制;还通过课堂教与学方式的变革,关注教师专业知识的获取、专业技能的锻造,持续提升教师的专业影响力;此外加大人事管理改革力度,扩大教师互派交流,建立多元评价制度等措施,让教师走向更广阔的舞台,享受创造、进步、成长的快乐,并获得更多的认可与尊重,感受自身价值的伟大和人生的意义。这种自我实现被马斯洛称为人的"高峰体验",被积极心理学称为"心流体验",即获得最大的充实感和幸福感,促使教师积极认同自己所从事的职业,放飞教育理想,点燃教育激情,敲开教师职业的幸福大门。

学校强化师德师风建设,筑牢根基。在重大历史交汇期,教育也步入新时代,面对纷繁复杂的新形势,更有必要强化对教师的师德师风要求,引导广大教师以德立身,以德立学,以德施教,以德育心,激发教师内在成长的动力。学校始终把师德放在教师培训、考核和评优的首位来考虑，有包含班主任和科任老师等的各层面德育培训计划；学校成立了各级师德演讲团，从讲"我身边的榜样"到夸"我为集体自豪"，从评选"感动昆小教师"到推出"教工创新集体"，积极发掘学校内的师德模范典型人物，充分发挥同伴互助的作用，让教师们深信人性内在求真、向善、尚美的种子是存在的，力量是强大的；学校还通过"请进来"的方式，邀请道德模范、各行各业的杰出代表人物来校演讲、座谈，让师生切身感受模范人物的风采。只有注重精神生命成长、品格高尚的教师，才会不断提升自己的人生境界，助推学生的成长与发展。

学校开展心理健康教育，专业护航。坚持面向全体，整体提升教师的积极心理品质，有效建立起积极预防体系。学校积极挖掘教师队伍资源，组建专兼职心理教师团队，带领教师开展形式多样的心理健康教育活动，为教师开展心理健康知识和技能的相关培训。学校从角色认同、健全人格、悦纳自我、教育独创、控制情绪等方面明确了教职工心理健康的要求；学校还积极聘请心理学、教育学等方面的专家做专题讲座，提升教师的自主发展意识，传授提升幸福感的方法，还充分利用同伴互助的形式，开启"心悦讲堂"，请教师们就自己感兴趣的心理话题进行分享，让教师们及时了解脑科学知识，学习合理情绪疗法等较为实用的心理技能。在浸润式的教育中，提高全体教师的心理健康素养，使教师更加热爱学习，学会自我调适，自我减压，自我节制。

学校营造和谐环境氛围，提供保障。积极心理学认为，人的积极心理品质提升与个体所处的环境、社会背景是分不开的。因此创建和谐幸福的环境氛围，营造健康的外部环境可促进教师积极心理品质的提升。学校充分发挥党支部、工会的作用，改造党员活动室、改善教工之家，为教师的学习和生活提供便利条件；学校建立了教师、学生和家长申诉制度，成立了纪检小组，倾听教师们的诉求，对各种问题分门别类进行处理，及时疏导、化解了困扰教师们的各种问题，增强了学校的凝聚力和向心力；学校设立了心理健康教育指导中心，为教师提供心理减压驿站；工会组织教师定期查体，还充分利用家长资源，邀请医学专家为教师进行义诊以及讲授疾病预防和保健知识；学校推行义务教育学校公共服务标准建设，完善以人为本的各项制度，大力实施公共治理，努力构建幸福和谐的校园文化，激发教师的工作热情，缓解教师的工作压力。教师在舒适优越的办公环境中，愉快工作；在民主和谐的人际氛围中，互助同行；在求实创新的展示平台上，增长智慧，平添勇气，追求卓越。

三、建设心悦课程，构建心悦文化之"场"

在新的历史阶段，世情、国情、民情都在发生着深刻地变化，这对教育事业的战略定位、历史使命和目标任务提出了新的更高要求。党的十九大高瞻远瞩地提出要培养能够担当民族复兴大任的时代新人，这为开展课程建设工作指明了奋斗的方向。学校构建"三层六类七途径"心悦课程，该课程不仅关注课程对学生价值取向的引领和塑造，同时也强调课程要力争赋予学生建设家园、报效祖国的本领和胸怀。学校将"心悦"课程的时代内涵具体定位为：坚持德育为本的思想，推动学科德育向学科素养的深度转化，将新时期立德树人的要求融合贯穿于各学段、各学科及各领域，全面实现学校、家庭、社会等课程资源的有效整合，创新课程实施方式，贯彻全人教育宗旨。

面临新一轮课程改革，学校"心悦"课程的重点工作可概括为"一条主线，三位一体"。"一条主线"，即传承"心悦"文化。"三位一体"，即学校课程建设、教师专业发展、学生多元发展，三者同步发展，形成盈润且具有感染力的文化教育"场"。文化之"场"则指的是多元、探究的思考之场，又指民主、开放的交流之场。

通过文化氛围的塑造，为"心悦教育"添砖加瓦。

四、培育心悦学生，实现心悦文化之"本"

学校以二十四种积极心理品质的培养为基础，从成长的高度、宽度和长度出发，通过"主体性""体验性""激励性"于一体的心悦教化，寓主题活动、校本节日、社会实践、境外研学中，让学生快乐学习、愉悦生活、诚信做人、健康阳光。从学校的学生中，不仅涌现出"小院士""小健将""小标兵"……更重要的是学生们积极心理健康品质进一步得到明显提升。学校努力把心悦文化升华为一种无限的激情、一种无尽的包容、一种真实的生活。

学校"心悦教育"致力还学生一个金色童年，在培养学生各项知识技能的同时，始终不忘学生的天性和潜能，通过多种方式传授知识，结合学生的年龄特点，以寓教于乐的方式激发学生的想象力、创造力，帮助他们培养良好的学习生活习惯，让他们在未来的学习中拥有坚实的基础。

学校以关注全体师生的快乐幸福、促进师生的生命发展为价值取向和整体目标，把学生感受体验快乐、学习创造快乐、主动传递快乐、形成健康快乐的校园环境作为具体的工作目标，为学校的人文环境、师生精神面貌的转变搭建多种平台，拓展多条途径。如今，学校干部、教师精神饱满，正在以更高的热情和勤奋的工作积极打造幸福校园，创新育人成果，努力为学校的辉煌明天增光添彩。

"心悦教育"是昆明路小学的独特基因和发展密码，它凝聚师生的心，汇聚师生的情，塑造学校的形，点亮学校的魂。基于学校的发展愿景和长远规划，学校认真制定工作计划，扎实推进计划落实，不断反思、总结，积极规范办学行为，较好地落实了办学目标。学校办学规模的不断扩大，学校坚持用责任塑造品质，用品质成就荣耀，学生、家长对学校满意度越来越高。

第三节 "心悦教育"的学校精神

▶▶▶▶

　　学校精神是由全体师生在学校长期的教育实践过程中积淀和创造出来的，并为其成员所认同和遵循的价值观、精神、行为准则及其规章制度、行为方式、物质设施等的一种整合和结晶，其本质意义在于影响和促进师生的发展。昆明路小学"心悦教育"围绕"注重品行培养、激发学习兴趣、锻炼健康体魄、养成良好习惯"的培养目标，强化学校精细化管理，使学校教育达到了人格塑造和智力开发的和谐统一。

　　近年来，学校站在更高的起点，稳步推进高品质学校建设，力争为每一位学生的幸福成长奠基。学校把开展心理健康教育作为学校整体工作的主推手，开始以预防教育为主，面向全体学生，注重学生潜能开发和健康心理素质培养的"心悦教育"实践，全力践行"学校办学有特色、学科教学有特点、学生发展有特长"的学校精神。

　　学校以培养学生良好思想品德和健全人格为根本，不断更新育人理念，创新活动，加强工作的科学性和层次性，不断提升工作的实效性和针对性，大力构建科学高效的学生管理模式。学校坚持实施"以人为本"的文化管理理念，打造责有攸归、追求卓越的教师队伍。通过深入开展师德教育，打造教师以感恩的心态对待他人、以积极的态度对待生活、以满腔的热忱对待工作的良好教风；通过专家引领、同伴互助、自主研修等形式,打造教师严谨治学、求实创新的发展文化。

学校特别注重"心悦"文化建设,创设了立体式和谐、绿色的教育环境,用隐性的、合理巧妙的学校文化建设,熏陶、教育、感染、激发学生。努力打造廊道墙壁文化系列、班级文化系列、主题活动月文化系列、素质拓展活动文化系列、志愿服务文化系列等特色"心悦"文化。学校完全浸润在浓郁的文化氛围之中,使学生在良好的文化氛围和活动中受到教育,形成了良好的文明习惯,促进了学校教育工作的开展和立德树人目标的实现。

以特色活动伴随学生快乐成长。每天开展丰富多彩的阳光体育一小时活动、每周举办规范的升旗仪式和各项素质拓展活动,每个月都会安排德育主题活动和各类安全疏散演练,每学期组织学生进行传统文化诵读大赛和体育艺术2+1认定,每年举办独具特色的庆六一、校运会、校园艺术节以及学生社会实践活动……学校还为每个学生建立成长档案,建立了校园红领巾志愿服务岗、争章夺星机制等,丰富多彩的活动变成学生快乐成长的催化剂。

学校全力打造"心悦"课堂。在课堂教学中,学校以高效、乐学为主题,打造自主、合作、探究的学习方式,坚持开展教师校本教研活动、注重推进信息技术与课堂教学的有机融合,提高课堂的有效性和高效率,通过不同方式让全校师生体验学习和成长的快乐。同时,将中国传统文化和社会主义核心价值观渗透到各学科教学中。

学校坚持民主管理促进发展稳定。校务公开民主管理是教育领域的一项重要民主政治建设,学校始终把校务公开民主管理作为重头工作来抓,建立了校务公开民主管理工作长效机制,拓展了校务公开内容、创新了形式、规范了程序、提升了实效,实现了校务公开民主管理工作的制度化、规范化、程序化。教师的年度考核评优,职称评定,绩效工资的发放、干部的任用及评议、学校重大决策、经费的使用与支出等,都是在校务公开民主管理的基础上落实的,有效的促进了学校稳定发展。

通过多年的努力,学校环境建设达到了净化、绿化、美化、教育化;教育教学管理达到了课程开设规范化,教师培训专业化,课堂教学有效化,常规管理制度化,课题研究经常化,校本课程地方化,科技教育特色化,艺术教育规模化。学校工作健康、和谐的发展,整体推进了学校素质教育的全面落实。正是秉承"学校办学有特色、学科教学有特点、学生发展有特长"的学校精神,昆明路小学进一步健全"心悦教育"体系,深化"心悦"教育教学改革,大力开展跨学科教育教学和课外实践活动,努力让学生接触到更丰富、更优质的课程,让"心悦教育"成为昆明路小学远航的风帆,让每名学子"远航梦"的路更加宽广。

第四节 "心悦教育"的学校追求
▶▶▶▶▶

　　教育的本真是什么？这是昆明路小学一直探讨的问题。在这里，大家形成这样的共识：教育应该是学子扬鞭策马、登高望远的驿站，是设计未来、奠基人生的渡轮。作为一所历史积淀和文化底蕴深厚的学校，昆明路小学想要走出一条差异化、特色化的教育求真之路一直是学校思考的问题。

　　教育求真，首先要追溯源头。到底培养什么样的人？认清自己的优势，找准自己的定位，保持自己的个性，形成自己独特的学校文化，让校园真正成为每一个学生的乐园，成就每一个学生的幸福人生舞台，润养学生心灵，启迪学生智慧，发展学生特长，传承"心悦教育"的办学特色，让学生在"以文化人"的氛围中逐步提升综合素养，为学生未来奠定重要基础。

　　学校的精彩在于学校文化的追求与创造，在于教育理念的尊重与执行。"心悦教育"就是弘扬人文精神，用文化来熏陶人、感染人、培养人，用文化来引领学校发展，用精神激励师生成长，把学校变成师生共同成长、和谐发展的精神家园。

　　传统心理健康教育主要的工作是预防和矫正学生的心理问题或障碍，忽视了学生的积极心理品质培养和潜能的挖掘，削弱了心理健康教育对学生发展的功效，存在着心理健康教育目标的片面性、内容的局限性、方法的单一性和评价不科学等问题。基于"心悦教育"理念下学生心理健康教育改革,学校通过优化"心悦教育"的目标,增加"心悦教育"的教育内容,完善"心悦教育"的模式,建立科学的"心悦教育"评价体系,让"心悦教育"回归到最重要的工作任务中去,从而全面实现师生"心悦"发展的目标。

基于此,昆明路小学把心理健康教育作为深化特色建设的突破口,逐步构建起"一合三建五线"的"心悦教育"实施模式,使学校的心理健康教育逐步规范,逐步深入。

"心悦教育"以人为本,根据学生的特质和心理需要,为学生创造积极的成长环境,培养学生的积极心理认知和思维,看待周围事物和自己的积极一面,让学生体验到自己存在的价值和成长的快乐,从而能够感受到幸福并且憧憬未来,促进学生积极个性品质的养成和发展,让他们形成人生的积极态度,能够积极地适应社会、积极地看待问题和困难。教师用欣赏的眼光来看待每个学生的积极力量和美德,引导学生挖掘自身的优势潜力,使他们找到成长中的快乐感和幸福感。

学校将"心悦教育"融入学科课程,让教育润物无声。学校明确提出"心理健康教育是全体教师的使命",要求每位任课教师在每一节课的设计时都要有意识地设计心育目标,有效落实课堂教学的情感教育目标,教学环节要能体现心育功能,全员参与心理健康教育与课堂教学有机融合的研究。

学校加大各个年级的团辅力度,要求每班每月安排一次心悦辅导班会课。学校着重开发校本课程,让"心悦教育"生根发芽。此外,专职心理教师利用每周素质拓展课安排教师进行培训,培训的内容形式多样,确保"心悦教育"能发挥立竿见影的作用,深受学生的喜爱和欢迎。

学校开展主题活动,让"心悦教育"排忧解难。"心悦教育"实践探索中,学校通过组织系列主题活动，为学生阶段性面临的问题提供有针对性的专业化心理辅导，如学校组织"植心愿树，育成长林""沟通无障碍""考试焦虑缓解"等月主题活动，活动中让学生们无拘无束地与教师畅谈、与小伙伴交流，从而正确认识成长中的困惑和烦恼。

昆明路小学非常重视家庭和社区在学生成长中的重要作用，目的是让"心悦教育"融入生活。为此学校成立了亲子爱心社，由家长引领、学生效仿的爱心社团，开展了如"亲子重阳节""亲子阳光假期活动""亲子阅读——共享幸福时光"等回报社会、促情感升华的活动，从家长的角度影响学生，有效促进了学生形成积极向上、健康乐观的良好品质，深受学生和家长好评。

学校还非常重视与周边社区开展长期心理健康教育共建活动，定期组织学生志愿者参与社区的活动，在活动中宣传"心悦教育"的理念；学校组织心理教师志愿者团队经常为社区居民提供教育子女的各类辅导，让"心悦教育"不断融入实际生活中。

心有方向，才能行有定力。经过多年的沉淀和洗礼，昆明路小学大力创新实施"心悦教育"育人体系，培养"心悦少年"，从校园文化熏陶、教师专业发展、课堂教学渗透、教育活动塑造、评价过程促进、人际关系和谐、人本管理保障等方面重点建构"心悦教育"课程体系、德育体系、教学模型和学校评价，真正实现"心悦少年"的育人目标。

第四章 ▶▶▶▶ "心悦教育"的师生思想培育工程

　　学校管理重在唤醒师生、激励师生、促进师生的发展、实现师生的幸福人生，而这些都需要一个重要的前提——师生思想的正确性、积极性和目标。昆明路小学"心悦教育"思想培育工程秉承"尊重师生、依靠师生、服务师生、发展师生"的理念，坚持实行多方位思想培育工程，力求焕发全体师生"向善向上、有志有为"的进取精神，使学生感受到成长的价值和快乐，使教师体验到职业的尊严和幸福。通过开展"心悦教育"的四大师生思想培育工程，让昆明路小学成为教师信念的凝聚场、学生梦想的承载场、师生心态的维护场，从而培育出师生爱国友善、积极进取的思想品质，更好地推进"心悦教育"的建设与高效运行。

第一节　工程一：首创校园党史场馆，培植理想信念

▶▶▶▶

　　学校教育的根本任务是立德树人。教育要培养时代新人，必须要培养树立共产主义远大理想和中国特色社会主义共同理想的有志之才。习近平总书记曾指出："历史是最好的教科书。"《小学生守则》明确指出："爱党爱国爱人民。了解党史国情，珍视国家荣誉，热爱祖国，热爱人民，热爱中国共产党。"理想信念教育需要从长计议，从小熏陶，久久为功。学校始终坚持政治立校，积极挖掘教育资源，精心改造党员活动室，利用优质资源组建了学校的"红色教育"阵地——校园党史馆，以红色教育课程为载体，推进地方党史深入课堂，着力打造开放性的"红色教育"平台，成为红领巾爱国主义活动基地。

　　学校坚持将校园党史场馆真正融入学校教育，成为学生人生的重要拼图，构建完整的学习圈。一是研发课程，纳入学校校本课；二是延伸学习，延伸学习的目的在于"活化"知识。"活化"知识需要还原知识的形成过程，让知识贴近学生的生活实际，将学科课堂延伸到场馆，从而让学习走向真实而深刻。

　　"同学们，今天非常高兴带领大家走进昆明路小学党史馆参观。现在映入学校眼帘的是中共一大会址主题文化墙和南湖红船仿制模型，学校的中国共产党就是在这条船上诞生的。"

　　这是昆明路小学道德与法治教师温梦竹正在利用学校党史馆，为学生们带

来的一堂别开生面的主题活动课《红领巾学习十九大新时代时刻准备着》。

学生兴奋地在红船模型展示区驻足观看，教师为学生讲述了中国共产党诞生的历史与南湖红船的渊源。通过教师的讲解，学生了解了习近平总书记论述的"红船精神"。随后，教师带领学生观看了微视频《刻度上的五年》，回顾了党的十八大以来的辉煌成就，当视频中出现"首次""第一""最"这些字眼时，总能引发学生们的热烈交流，激发学生们的爱国热情⋯⋯

自校园党史馆建成以来，学生通过在馆中参观实物模型、观看视频，直观地了解中国共产党的发展历程；通过少先队员亲手绘制新时代梦想卡片，学生勇敢地将自己的梦想融入国家"两个一百年"奋斗目标中；通过聆听党总支书记带头、全体党团员教师执教的微党课，学生将对党和国家诚挚的热爱作为生命的底色。

学校充分利用校园党史馆这个教育阵地，对全校师生进行爱国主义教育，特别是对学生进行中国共产党历史的教育，激发学生的奋斗精神，自觉树立和坚定共产主义理想信念，认清自己未来肩负的伟大历史使命，时刻准备着投身于中国特色社会主义建设伟大事业中，坚定学生追求真理、报效祖国的志向，培养他们爱祖国、爱人民、爱劳动、爱科学、爱社会主义的奉献精神。

党建引领已成为教育事业持续发展的主引擎。学校充分挖掘红色教育资源，首创校园党史场馆，培植理想信念，让红色教育进学校、进课堂、进头脑，从而进一步坚定道路自信、理论自信、制度自信、文化自信。实现了党建与育人的全程融合联动，为学校教育教学工作深入开展注入了强劲动力。

第二节 工程二：打造多元文化环境，增长知识见识

▶▶▶▶

历史是教育的资源，文化是教育的根基。校园是文化之地，学校应力求让每一座楼宇、每一个场所、每一面墙壁都蕴含着文明之韵，承载着现代化育人理念。教师和学生是教育教学活动的主角，良好的学校校园环境文化是他们活动的舞台，没有这个舞台，师生的活动就没有良好的依托，就会直接影响教育教学活动的进程和效果。校园环境不但要为学生的学习生活提供便利条件，还要体现学校精神风貌，承载育人功能。

学校通过建设以物载德、陶冶情操的环境文化，让校园成为融熏陶与教育功能为一体的公园、融学生实践与娱乐为一体的乐园、融参与与开放为一体的温馨家园。学校不仅注重营造浓郁的文化氛围，而且坚持做到与时俱进，不断开阔学生的视野，增长学生的见识。漫步校园，环境清雅质朴、整洁有序，令人赏心悦目，处处体现内涵力量的浸润、文化氛围的熏陶和素养教育的感染。

清晨进校后，彰显学校精神品质的文化甬道，提醒每一名昆小学子时刻担负着珍惜荣誉、砥砺前行的光荣使命；步入大厅，"阅读悦成长、旅行心充盈"的文化主题厅，开启昆小学子"读万卷书、行千里路"的求学之路；随行楼梯一侧，从医药美食、织染纫绣、印刷书绘、陶冶塑作、音乐戏曲等不同方面将我们的家乡——天津，最有代表性的非物质文化遗产，鲜活生动地呈现在面前，让学生仿

佛置身津派民俗博物馆，与此同时共同守望优秀传统文化，传承匠人精神于潜移默化中，植根在学生心间。

学校教育不仅帮助学生铸就民族魂，还积极培植学生世界情怀。在昆明路小学智慧教育带的墙壁上，精心布置了世界博览长廊，将最具代表性的国家的国旗、著名景观、风俗民情一一展示出来，开拓学生的国际视野。为了纪念习总书记提出"一带一路"重大战略决策五周年，学校开辟了"一带一路我知道"文化宣传廊，通过师生搜集、筛选有关信息，将"一带一路"倡议给中国、世界带来的影响及时推送，帮助学生们了解政治、外交、经济等方面的发展动态，增强文化自信。

学校高度重视育人环境建设，精心安排校园每一个角落的建筑样式和功能格局，优化育人环境，提升精神文化品位，形成了中华优秀传统文化与现代文明精神相辉映、自然景观与人文景观相协调的校园环境。不管是大的建筑雕像，还是一草一木、一图一文，都体现了致远教育特色的谋篇布局，见证着学校生生不息的文化传承。学校突出"心悦"文化特色，让墙壁说话、让花草传情、让校园的每一面墙都成为活生生的教育素材，凸显环境文化的教育魅力，营造了浓郁的校园文化氛围，在学校发展中不断丰富和拓展学校文化内涵。

学校从校园环境建设、楼宇走廊文化建设和班级文化建设等方面着手，形成潜移默化的"心悦教育"熏陶力量，使教师儒雅、博学立范，学生文雅、慎思明辨，推动学校持久、内涵发展，浸润着师生思想演化，充实校园生活内涵，营造出健康和谐的文化氛围，使全校师生逐步形成共同的价值取向。完善的硬件设施，优雅的校园环境，浓郁的育人氛围，让昆明路小学成为教师愉快工作、学生健康成长的乐园。

学校的办学思想贯穿于学校显性和隐性的文化中，体现在教育、教学、课程、活动、管理中。学校充分利用校园的小空间、小角落,营造出生动的教育素材,最大程度发挥环境育人的功能。学校坚持让墙壁说话、让花草传情,凸显物质文化的教育魅力,为"心悦教育"营造良好氛围。

心之所向,必有回声。"心悦教育"校园文化环境不张扬、不说教,充满凝聚力又给学生足够的探索和成长的空间。它像春雨、像阳光,像师长、像朋友,给学生有力的引领、踏实的依靠和温暖的陪伴,成为感染陶冶师生的"主体的画,无声的诗"。

第三节 工程三：建立心理健康中心，提升积极品质

▶▶▶▶

教育的真谛就是对生命的尊重与唤醒，对生命潜能的开发、拓展与升华。昆明路小学倡导激励性教育，打造高品格"心悦"教育，坚持以人为本，民主治校；强化教师职业幸福，引导教师有精神层面的追求；以积极心理学为指导，构建以实现学生自我管理为目的的激励性德育；让每一名学生都受到关注，让每一位教师都获得尊重，让每一个生命都彰显价值；保护学生纯真善良的天性，尊重他们的个性，帮助学生获得生存和发展的内在动力，以潜在的积极力量和挺拔的人格品质去建构自己的幸福人生。

心理健康中心是心理健康教育教师开展个别辅导和团体辅导，帮助学生疏导与解决学习、生活、自我意识、情绪调适、人际交往中出现的心理行为问题，排解心理困扰和防范心理障碍的专门场所。中心设立了办公接待区、个体辅导区、团体辅导区、音乐放松区、心理沙盘区、情绪宣泄区、心理测评区等，多个功能区及相对应的专业设备，以满足学生正常的心理辅导需求。

学校秉承"全员育心"理念，精化细化，落实大心理健康教育观，全校教职工都负有教育引导学生健康成长的责任。学校将心理健康教育内容纳入教师培训课程体系，进行专题培训，不断提高他们对心理问题的识别能力和心理危机干预能力，使他们能够更好地帮助学生处理好在学习生活中遇到的具体问题。

作为全国首批心理健康教育特色学校,昆明路小学不仅积极完善心理健康教育中心的设施设备,而且逐步构建起"一合三建五线"的心理健康教育实施模式,即注重一个结合:心理健康教育与学校整体教育教学工作相结合;建设三支队伍:以专兼职心理健康教师组成的骨干队伍、具有较强心理健康教育实施能力的班主任队伍、具有一定心理健康教育自觉意识的学生心育委员队伍;五条主线活动:利用校本课程开展心理健康教育教学、利用心理健康教育中心开展团辅和个性化辅导、坚持学生心育委员培养工作、开展学生家庭心育指导、走进社区实施心育拓展,使学校的心理健康教育逐步规范,逐步深入。

不仅如此,学校将心理健康中心的建设发展与学校管理进行融合,建设高品格"心悦教育"管理。做到以下几个方面。

一是编辑校本,引领学生做到自我觉知、自我管理、自我成长;每班的心灵导师,能够利用心理教育技术对学生进行心理疏导、潜能开发、学习指导。二是重视学生社团活动,鼓励学生自行创设诸如足球、乒乓球等活动社团,并积极开发相应的校本特色课程;成立学生生涯发展指导领导小组,制定学生生涯发展指导实施方案,积极开展学生生涯发展指导工作。三是举办心理文化节,内容丰富,启迪智慧,润养心灵。通过评比,发现学生的闪光点,让更多学生感受到被关注、被重视,让德育焕发自信的光彩;提升度表彰,让每一个学生都有机会,都看到希望,激发学生自强自新、生命日新。四是开展"晨钟之声"活动,利用每天五分钟晨读时间,教师们通过校园广播,讲述亲身故事,对学生进行生活和学习的微教育。五是以积极心理学为抓手,大力开展幸福教育,如成功教师讲座、幸福人生讲座、毕业留言等,让教师获得职业幸福感。

学校建立健全管理典章制度,秉承"以人为本,以心育心"理念,让制度成为师生乐行善守的文化;量化评比意在唤醒学生积极的品质,让积极的心理成为学生行为的灯塔；班主任梯队建设工程，让教育薪火相传；启动青年教师培养工程，促进青年教师更好更快地成长；注重思想政治培养，培养先锋模范青年；心理辅导与塑优，构建学生优秀人格；家长学校，加强家校联系，让教育多元化；创新设计特色运动会，形成快乐、自信、积极、向上的个性品质和班风。

为帮助学生解决成长中面临的各种实际问题，学校不仅提供有针对性的专业化心理指导，还组织丰富多彩的心育活动。如绘本故事创编，引导学生将自己对外在与内在世界的感知，以独特的视角、率真的方式自由地表达出来。在学生的绘本世界中，大树会发脾气、石头喜欢唱歌、电池会哭泣、小蛇爱助人……在他们的眼里，世间万物都是鲜活灵动的生命体。

在创作绘本的过程中，学生不断打破原有的思维和定式，特别是接受外界的新鲜事物时，他们的灵感一触即发，左右大脑同时开工，奇思妙想跃然纸上。每幅绘本作品都是学生情绪的外在表现，内心的真实写照，让学生们在活动中无拘无束地与教师畅谈、与小伙伴交流，从而使学生有效排解成长中的种种困惑和烦恼，不断提升学生们的积极心理品质。

昆明路小学依托心理健康中心，提升教师心理育人能力，用发自内心的爱心、耐心和智慧，去温暖学生的心田，引导学生探索自我、认识自我，培育学生理性、平和的健康心态，关注学生心理健康，促进学生健康成长，使学生心灵丰富，各美其美的优良风貌展露无遗，优质品质与日俱增。心理健康中心真正成了师生心中的快乐家园。

第四节 工程四：成立志愿服务组织，实现合作育人

▶▶▶▶

《少先队改革方案》中明确提出，要加强少先队员的集体主义精神和小主人翁意识，在校内外创新开展志愿服务活动，让每位队员在感受集体、活跃集体、奉献集体的过程中履行队员的义务，增强队员的归属感，发挥队员的特长，培养全体少先队员的社会责任感、创新精神和实践能力。教育的目的，必须是培养学生独立行动和思考的能力，同时让他们将对社会的服务视为人生最高的成就。因此，培养学生的感恩意识、社会担当和家国情怀尤为重要。

学校积极主动挖掘、聚合各方资源与多个社区、场馆、文化场所建立校外实践基地。2017年3月1日，成立了党员、团员、少先队员等先进分子为核心的"心悦"志愿者服务队，开展献爱心、送温暖、暖人心的公益服务活动。

学生志愿服务是学生自愿奉献时间和智力、体力、技能等，帮助他人、服务社会的公益行为。学生参与志愿服务活动不仅是培育和践行社会主义核心价值观的重要载体，同时也是体现学生承担社会责任的重要途径。为了充分发挥实践课堂在立德树人中的重要作用，"心悦"志愿者服务队秉承"帮助别人，快乐自己"的宗旨，依托少先队更好地为学生生动活泼、全面发展、健康成长服务，引领学生感恩党、听党话、跟党走，在志愿服务活动中自觉培育和践行社会主义核心价值观，让"奉献、友爱、互助、进步"的志愿者精神薪火相传，为党坚实而有力

的预备队注入新鲜血液。

学校依托少先队组织促进家庭、学校、社区三方有效联动,使家庭的榜样作用、学校的引导作用、社区的支持作用形成合力,一体联动,充分调动三者之间的有效资源,促进学校少先队志愿服务事业实现各个部门的有机整合,从而共同创造学生喜闻乐见、贴近生活、乐于参与,内容和形式多样化的志愿服务活动。实现三者合力共同开展志愿服务实践活动,更为有力地推动了学校实践活动教育新模式的构建,拓宽学校实践活动的领域。深入贯彻落实"从小学习做人、从小学习立志、从小学习创造",积极开展少先队志愿服务活动,引导学生培养志愿服务意识,提高实践能力,帮助他人、奉献社会,更好地践行社会主义核心价值观。

只有明确目标才有行动的方向,对于学生志愿服务活动来说更是要做到目标清晰、明确。因此,学校进行志愿服务活动时,充分考虑到学生年龄特点,从学生的认知水平、实际需要、活动能力出发,循序渐进、由浅入深的开展活动,实现在志愿服务活动中让学生培育和践行社会主义核心价值观,不断推动立德树人的目标。

首先,对于低年级学生,学校加强对志愿服务的基本认识,如什么是志愿服务、什么是志愿精神、谁来组织志愿服务活动、怎样参加志愿服务活动等一些基础知识的了解,激发学生参与志愿服务的热情,初步感受志愿服务活动带来的喜悦,为之后的实践活动奠定感情基础。

对于高年级学生,主要是让其参与到具体的实践活动中,感受志愿服务、体验志愿服务,让学生在真实的活动中,在群体交流的过程中,锻炼学生的团队精神和志愿精神,提高学生的组织能力、协作能力、实践能力,不断提高学生参与志愿服务的自主性,从而维护学生参与志愿服务的内在动机。

如组织成员到老人院、盲人院开展帮扶活动；每逢中秋和春节等节日制作月饼、灯笼或者同心结等物品去慰问孤寡老人；组织社员到公园等处给老人们义务读报；社团内部还经常开展手工课、手语课等，让成员陶冶情操，增强动手能力，培养大爱情怀。学生志愿服务因爱而创，为爱而传。

其次，小学生活泼好动，对周围的事物充满了好奇，对参与活动抱有较高的热情，但是由于年龄原因，其服务内容有限。因此，学校组织学生开展志愿服务活动时，选择有递进性，从简单的、基础的、易操作的内容开始，由简单到复杂、由低级到高级的活动参与，使学生逐渐积累参与志愿服务的经验之后，再创造性的参与其他志愿服务。

如开展"鹤发童心同欢共聚""小手携大手，创卫一起走""同心童行感恩母爱""微善绘彩虹爱心圆残梦""粽叶飘香温暖传送"等活动，为需要帮助的人们送去关爱与祝福，让学生以实际行动践行社会主义核心价值观，传播文明理念，增强社会责任感。

最后，不同的志愿服务活动有不同的内容、不同的主体，但无论选择哪个内容来组织活动，都要达到立德树人的目的，让学生把抽象的知识通过参与志愿服务活动具体化，以外显的方式表达出来。

如开展"我是志愿小天使"活动，让学生明白志愿服务的内涵、志愿服务的精神，学会奉献、友爱、互助、进步；在参与敬老院志愿活动时，让学生学会同情、关爱，认识到尊老爱幼是我国传统美德，力所能及地帮助自己身边的人是每个人义不容辞的责任；在参与义务植树劳动时，让学生学会节约资源、爱护环境；参与弘扬红色文化时，让学生懂得缅怀革命先辈、珍惜美好生活，听党话、跟党走，争做文明好少年。

小志愿者们在自然博物馆小剧场为观众表演情景剧；与太阳雨罕见病心理

关怀中心的瓷娃娃小朋友们开展有趣的心理游戏；走进和平心目影院为盲人讲电影；走进天津非遗博物馆、天津美术馆等积极参与文化传承宣传活动。小志愿者们还坚持定期走进社区，来到留守儿童、空巢老人的家中，为他们提供结对帮扶，互助友爱，亲情陪伴，打扫卫生等服务。在志愿服务中，学生们充分感受生活的多彩，感受人性的光辉，让"奉献、友爱、互助、进步"的志愿者精神薪火相传、得以弘扬。

步入教育改革的新时代，促进学生的全面发展，让每一名学生享有光明美好的未来是每位教育者的新使命。昆明路小学初心不忘立潮头，矢志不渝勇创新，将志愿精神内化于学生的心，将志愿精神培育和思想道德课程深度融合，以形式丰富的志愿活动为载体，是一以贯之的精神指引，不断丰富当代学生志愿精神的新时代意蕴。

第五章 "心悦教育"的课程建设

▶▶▶▶▶

　　"育人"是教育的终极目标。学生是完整的人,各个独立学科所立足的只是培养学生全面素养的某一部分。想要发展学生的综合素养,就需要对课程进行整体规划、有机整合和系统实施。课程整合是培养学生核心素养的最重要途径,即通过课程的改革来推动素养的提高。学校的课程建设就是为了更好地利用课程这一载体进行育人,让立德树人的根本任务落到实处。在昆明路小学的教育理念中,每个人的人生都是为了追寻精彩而来。学校希望通过素质教育的实施和推行,涵养学生终身受用的核心素养,为每一个学生个性发展奠定良好的基础。

第一节 开发校本课程，让"心悦教育"生根发芽

▶▶▶▶

课程是教育的灵魂，课程建设是培养学生核心素养的需要。本着"无处不课程、无事不课程、无时不课程"的大课程观，昆明路小学从实际情况与办学特色出发，着眼于促进学生全面而有个性的发展、着眼于促进教师教学能力的提高、着眼于促进学校整体育人质量的提升，将国家课程、地方课程和学校课程融为一体，建设校本化、特色化、生活化的课程体系做了深入探索与思考，为培育有素养的学子打好坚实基础。

一、积极优化实施与管理，建构立体化课程体系

昆明路小学组建了深化课程改革领导小组，积极优化实施与管理，为课程改革落地提供保障。领导小组统筹规划、整体布局课程改革工作，各部门协调联动、组合发力，全面加强学校校本课程领导力。学校重视课程规划的顶层设计，基于"抓住一个核心，突出两个特色，做好三项重点工作"的思路，确立了校本课程理念和课程目标，构建了"心悦"课程体系，促进学生德智体美劳全面发展。

学校基于学生核心素养发展，依托"注重内涵发展，培育学校文化，全面提升办学质量"的工作思路，依据《"心悦教育"课程建设方案》，确定了课程体系

的结构与设置,建构了具有学校特色的"心悦"校本课程。

"心悦"校本课程的课程理念是:"悦动童心,多元发展"。"心悦"校本课程的目标是提升核心素养,落实立德树人。在这样的课程理念和课程目标下,学校最终的落脚点是从德智体美劳等各方面培育学生全面发展,充分体现国家的基础性课程、德育课程、特色课程、拓展课程、研究性课程相互之间的融合。"心悦"校本课程就是让学生的童心在课程中被唤醒,随着课堂的节奏产生悦动,激发起学习的主动性,从而真正融入课程、享受课程、并在这个过程中收获愉悦和成长。"心悦"校本课程旨在培养学生五大素养:德雅素养、人文素养、健康素养、审美素养、创新素养。每个课程之间是有衔接有融合,素养的培育也是有融合的。当这个同心圆相互转动起来的时候,这个动态课程发展链,促进了课程的融合,更促进了学生的全面发展。

昆明路小学建构的"心悦"立体化课程体系,为学生全面发展提供动力,以丰富多样的"心悦课程"促进学生个性化知识的建构,致力于激发学生的兴趣,开发学生的潜能,培育学生的创新品质,构建了核心素养观下的"心悦课程"体系,为提供个性化、综合性、实践性的课程体验,竭力为学生构建适合的课程,让每一个学生拥有多彩的童年,绽放生命的精彩。在育人实践中,学校始终坚持发展素质教育,将素质培养落实到成体系的课程当中,为学生提供更加丰富、可选择的课程,使每一个学生都能够找到各自的成长通道。

为了更好地彰显"心悦教育"的功能,学校根据《小学心理健康教育指导纲要》要求,编写了《昆明路小学"心悦教育"校本读物》和《小学生积极心理品质口袋书》,并且作为校本课程安排在课程计划中。此外,专职心理教师利用每周素质拓展课安排培训,培训的内容丰富,形式多样,确保"心悦教育"能发挥立竿见影的作用,深受学生的喜爱和欢迎。

在校本课程目标设置上，学校以培养学生积极人格为目标，以增强学生生活幸福感、满意感、快乐感等积极的主观体验，增进学生的社会适应能力、人际交往能力等为切入点，通过营造积极的课堂教学环境，开展切合学生身心发展特点的教学活动，增强学生对活动的主观控制，对活动事件的积极解释，进而增进学生积极体验，激发学生积极的内外动机，发展学生潜在的积极力量，从而培养学生良好的学习心理品质，帮助学生逐步培养利他行为习惯，增强社会责任感，培养建构未来的乐观主义的态度和对生活的忠诚，促进学生人格全面健康发展。

二、加强特色课程建设，构建"心悦"校本课程体系

（一）扎实开展班级团体心理辅导课

面向全体学生开展发展性、预防性心理辅导心理活动课由专职心理教师授课，为了使心理活动课更符合校情，更贴合学生的生活实际，学校成立了心理活动课校本教材编写小组，于2013年编写了校本读物《成长导航》。整个教材内容设计以案例为基础，以学生成长中的问题为中心，以年龄特点为线索，安排不同要求的活动素材，呈现出一种螺旋式上升的系列化结构。

2016年修订再版的《成长导航》，更加突出了科学性、实用性、互动性和可读性四个特点。一是科学性强。构思新颖，深入浅出，贴近学生心理发展实际。活动设计部分由原来的二十节增加到二十六节，整个设计以问题为体系，以案例为基础，并设计了研究性学习等板块，以求达到"学以致用，学有所用，学用结合"的目的。二是实用性强。案例全部来源于学校心语信箱收到的辅导信件或心理调查的结果，内容涉及人际关系、学习压力和自我修养等学生关注的主要心理问题及心理困惑。由于是来自学生的现实生活，因此具有极强的针对性。

三是互动性强。设计了活动建议部分，便于班主任、有关教师在主题班会及团队活动中开展心理健康教育活动时使用。而本书第二部分"心灵沟通"，通过师生心与心的交流，鼓励学生学会自助，从心理上获得真正意义上的自我教育，以及为人处事的能力。四是可读性强。修订时增加了"心灵回声""故事导读""延伸阅读"等内容，进一步增加了趣味性和可读性。

（二）学科教学渗透心理健康教育，为学生营造和谐的课堂心理环境

学校的中心工作是教学，学生的大部分时间是在课堂中，传统的教育注重知识的灌输，缺乏能力的培养，更缺乏人文关爱。而心理健康教育以人为本，以尊重学生个性为出发点。心理健康教育课的组织形式，注重学生全面性、主体性、活动性、体验性，符合小学生心理特点，也符合新课程执行的基本理念，所以能够融入课堂的教学之中。学校要求全体科任教师在平时的教学中，尽力挖掘教材中蕴含的适用于小学生心理健康教育的素材，在学科教学、班级管理、社团活动中有机地渗透心理健康教育，为学生营造宽松和谐的课堂心理环境，激发学生良好的学习动机，培养学生良好的学习习惯。

（三）开设团体心理训练课，为学生的心灵撑起晴空一片

团体心理训练分为大型年级辅导、班级团体辅导、分类小组辅导三种。团体心理辅导活动根据不同年级的成长需要确定不同的主题：如入学适应、人际交往、人生规划等主题等。活动采取游戏、讨论、角色扮演等不同的形式，引导学生在行为训练中反思自己的成长，促进自我人格完善。

在心理课堂师生互动中，学生也非常渴望得到教师和其他同学的充分理解，这就需要教师在辅导中学会换位思考，掌握并合理应用共情技术。在心理课堂师生互动时，共情技术属教师应用最多的团体辅导技术之一。

共情，也叫同感、神入、同理心，是指站在对方的角度考虑问题，敏锐、准确

地领会与理解对方所表达的思想和内心情感，再把这种领会和理解反馈给对方的过程。共情技术包含倾听、辨识、沟通三个历程。倾听是指教师专注于倾听学生的感觉、经验或行为，以进入学生的主观世界；辨识是指教师设身处地地从学生的立场去体会其明白呈现的、隐喻中的或未觉察的感觉、经验或行为；沟通是指教师掌握"简述语意"的原则，表达对学生的感觉、经验或行为的了解，运用自己的词汇和方式，让学生知道教师已经了解其感觉、经验或行为，引导学生进行深入的自我探索。

共情分为初级共情和高级共情。初级共情就是教师能够感受到学生传递过来的信息，设身处地地体会学生"明白呈现"的感觉、经验或行为，并能让学生意识到教师的感受。高级共情是教师不但感受到了学生传递来的信息，还能体会到学生"隐喻或未觉察"的感觉、经验或行为，并能用语言或非语言信息再反馈给学生，让学生体会到教师的理解与信任。

恰当地使用共情技术，能使学生觉得自己被尊重、被理解、被接纳，从而感到愉快、满足，对课堂中的师生关系有积极影响；使教师能够设身处地地理解学生，从而能更准确地掌握有关信息，特别是暗含在语言后面的有意义的情绪化信息；能够促进学生的自我表达、自我探索、自我领悟，从而达到更多的自我了解和师生间的相互了解，促进师生互动向更深层次发展；对于那些迫切需要获得理解、关怀和情感倾诉的学生来说，教师的共情有更明显的安慰、帮助效果。教师恰当地使用共情技术，有利于营造安全、理解、支持的课堂心理氛围，有助于所有学生真诚地开放自我，全身心地投入到课堂中来；能为学生树立良好榜样，共同营造相互理解、相互支持的班级心理氛围，塑造团结和谐的班风。

第一，在师生互动时保持专注与倾听。教师高度专注与认真倾听，了解学生的感受、经验和行为方式，并将教师的理解准确地反馈给学生。专注与倾听是共情的基础与前提。

第二，注意语言信息与非语言信息的一致性。共情的表达除了语言之外，还有非言语行为，如目光、表情、身姿、动作变化等。运用非言语行为表达共情更为真实、简便、有效，课堂上重视两者的有机结合，注意自己的体态语言与表述内容的一致。如果教师有漫不经心与言不由衷的表现，就会让学生心生反感。

第三，表达共情时语言要符合学生实际。教师在表达共情时使用的语言，无论是单字或成语，还是行为性描述或经验性描述，符合学生的年龄特点、认知特点和社会文化背景，这样要容易被他们理解和接受，切忌使用一些学生难以理解的表达方式。

共情的表达要适度。在课堂上教师表达共情要适时适度，不喧宾夺主，不随意打断学生的表述，把表述的主要时间留给学生，不做过多的深度分析。

第四，表达共情要多使用试探性语句。教师在表达共情时，语气和句式尽量使用试探性的，如使用"大概""可能""或许"等词语，不能过于肯定，以便让学生有检验、修正、解释、澄清或确认的机会。如"你是不是觉得自己……""你好像……""听你的意思，也许你觉得……""我已经感受到了你的……"等。

第五，教师在应用共情技术时要合理把握自己的角色。对于共情，教师要做到"进得去，出得来，出入自如，恰到好处"。

"进得去"，是指教师确实能够设身处地地体会学生的内心世界；"出得来"是指教师在共情的同时不能忘记自己的角色，不能丧失客观、中立的立场；"出入自如、恰到好处"是指教师做到了客观性与主观性的统筹把握。如果教师在师生互动中与学生同喜同悲，完全受学生情绪的左右，忘记了自己的课堂角色，也是不妥的。

在心理课堂师生交流互动中，教师准确把握共情技术的内涵和要领，在合适的情境下恰当、合理地应用共情技术,设身处地地理解学生,也使学生感受到自己被尊重、被理解、被接纳。这不仅对课堂中的师生关系有积极影响,而且能营造良好的课堂心理氛围和班级风气,进而促进学生的自我探索与领悟,促进学生心理健康发展。所以,正确把握并灵活运用共情技术,需要包括心理教师在内的每一位教师进行学习并展开实践。

(四)设"站"挂"箱",面向少数学生开展补救性的心理辅导

世上没有两片相同的树叶。针对不同学生的心事,学校挂出了"心语信箱",并设立"心灵驿站",由心理辅导师资质的教师负责,开展个别心理辅导。"心语信箱"遵循为学生保密的原则,共性问题通过校园广播集中答复,个别情况可预约在"心灵驿站"面谈。"心灵驿站"设立以来,为寻求辅导的学生提供了倾诉心里话的场所,每年都接待大批来访学生、教师和家长,帮助他们解决了心理及教育问题。

三、落实学生的主体地位,多渠道实施"心悦教育"

(一)设立心理健康图书阅览室,让学生在"读"中"悦"

读书是自我心理调适的良药,学校为此专设了心理健康教育图书阅览室,将有关心理学和青少年心理健康教育方面的书籍及报刊集中放置,引导师生自觉积累心理学知识。学校还创办了《心育小报》,由学校的心理教师指导,学生自己编写,给学生创造一个自由发挥的场所。由于《心育小报》内容贴近学生生活,切实反映他们成长中遇到的问题,帮助他们实实在在地学会如何去面对、去解决遇到的问题,使学生学会自助,从而获得心理意义上的自我教育,拓展了为人处事的能力,促进了学生学业进步,丰富了个人情感,提高了校园生活质量。

（二）指导学生坚持写心理周记，让学生在"写"中"疏"

心理教师和班主任指导学生充分利用心理周记，把做人、学习、与人交往等方面的问题倾诉出来，反映自己在学习和生活上遇到的挫折和苦恼，记录自己成长过程的点滴进步和喜悦之情。教师从中随时把握学生的心理变化情况，通过心与心的交流，澄清学生的心灵迷雾，及时帮助学生纾解心结，解决心理困惑及心理不适，促进学生的人格、学习和情感的健康发展。实践证明，指导学生写心理周记，是对学生进行心理健康教育的一条绿色通道。

（三）设立心理健康月，开展多样活动，让学生在"动"中"乐"

学校将心理教育中心的宣泄室、沙盘室、音乐治疗室全天开放，而且将每年的5月和10月定为心理健康月，各班开展形式多样的主题活动。如开展"热爱生活，追求成长""做我真好""成长与努力"等系列教育活动；开展"滚雪球""戴高帽""生命线"及设计心愿卡等心理游戏；开展团队拓展游戏等，给学生们提供一个个敞开心扉，畅所欲言，调节情绪，健康发展的放松活动平台，受到学生们的欢迎。

课程的核心使命是解决个体经验和人类社会历史经验之间的矛盾，即努力将社会精神文明成果转化为学生个体发展中的持久动力。昆明路小学用提升积极心理品质的思想统率学校课程建设，就是希冀能为未来的社会建设者提供丰盛的"营养配餐"，以帮助他们获得全面的、个性的、最优的发展。因此，"心悦"课程指明了奋斗的方向，即不断探索课程建设与发展的新方案和新方法；"心悦"课程亦绘制了努力的图景，即为学生开发和构建多样、适当、丰富的成长资源；"心悦"课程也表现了持续追寻的境界，即通过变革课程形态、完善课程结构、增强课程功能来培养具有家国情怀、世界眼光的高素质人才。

在课程中，所有学生都不是旁观者，而是有了不需假设的身心参与。在这过程中,教师对学生感兴趣的、困惑的问题逐一解答,并经常提醒学生,通过学习与参与,让学生学会用"心"去把最美的素质、风格展现出来,也以观察者和欣赏者的心情分享其他人展现的知识、智慧和精神,用包容的心态学会欣赏、学会理解、学会选择。并学会主动进行调整适应,形成共同认可的基本秩序,在合作中展现众美,实现"各美其美、美人之美、美美与共"。

昆明路小学基于"润泽心灵,悦享成长"的育人理念,以"心悦教育"理论为基础,以满足师生安全、爱与归属、尊重、自我价值等方面的心理需求为出发点,通过创设充满阳光、积极向上的校园生活情境,打造丰富多元、生命盈动的"心悦"课程体系,使每一个学生、每一位教师在各自不同的教育愉悦中提升综合素质,成长成就自己。

第二节 融入学科课程，让"心悦教育"润物无声

▶▶▶▶▶

　　《课程标准》鼓励地方和学校开发"以提高学生的学习兴趣，满足学生的需要为基础的多样化校本课程"。为深化课程改革，加快推进新课改理念的课程建设，昆明路小学精读细研《课程标准》，推进国家课程校本化和校本课程的研究开发，培养学生的核心素养，加强课程资源体系建设，根据各学科的优势、特色进行筛选形成以人为本、以学生为本的学科课程。学校根据自身发展过程中的实际情况及特点，探索培养全面发展的人的校本化课程，始终立足学科课程、创新学科课程、引领学科课程，带领教师打造最优质的学科课程，致力于打造系统化的"心悦"学科课程。

一、"心悦教育"学科特色课程建构的基本原则

（一）整体性原则

　　学科课程作为学校课程建设促进学生学科核心素养的重要载体，其必须有整体的规划。对于学科课程本身而言，无论课程目标、课程内容、课程实施、课程实施、课程评价都要有系统性，这样才可以保证教师教学的顺利进行。对于学校而言，开发系列学科课程，需要调动学校团队共同研究，做系列学科课程，补充校本课程，才能保障对学科核心素养的培养。学科特色课程要在学科核心

素养培育视域下统筹全局,整合学科核心素养与课程发展的关系,促进学科课程的建构实施。

(二)综合性原则

构建学科特色课程既要立足学科内,又要关注学科间融合,体现学科素养,这是课程构建实现核心素养的必然趋势。注重学科间知识的贯通和整合,体现综合性。借用 STEAM 等课程理念,体现了学科内知识衔接,学科间知识整合,如果运用得当,效果突出能凸显跨领域知识整合。学科特色课程除了要体现学科间的整合,还应结合课程与核心素养的理念,充分开发和利用现实生活和社会实践资源,形成跨学科课程,使学生的综合能力得以提升。学科课程因地制宜、因校制宜,结合学校的办学理念和师生发展现状,关注每一个学生的发展。

(三)开放性原则

学科课程的构建与实施依据国家《课程标准》,在确保国家课程有效实施的前提下,由教师进行开发,这就给教师很大的自主性,课程面向每一个学生的兴趣与个性发展,尊重每一个学生发展的特殊需要,只要能够促进学生学科核心素养的提升,其课程目标、课程内容、活动方式等方面都应具备开放性,使学科课程可以更好地建构与实施。

(四)实践性原则

学科特色课程是根据教育教学中遇到的实际问题和真实情景,通过全体参与探究、体验活动等方式来发现问题、解决问题,让各学科知识能够真实贴近生活,让学生增加社会体验感,从而提高学生的学科核心素养。

二、"心悦教育"学科特色课程建构的创新点

学校始终坚守国家课程主导地位原则下的"融合、开放与生成",基于国家课程目标和学校育人目标,全面梳理国家课程、地方课程、校本课程中重点交叉

的内容。提炼课程融合主题,整合相关课程内容,合理设计课程方案,增强课程实施的综合性和实践性。

一是学科内的链接式整合。学校将教材中相关主题或单元重新整合或二度转化,设计更适合学生、更科学、更有效的课程结构实施教学;学校还通过在课程体系中引入"课程链"的概念和方法,从系统的观点出发安排课程。二是学科间的融合式整合"学科 + 学科"。多个学科教师围绕同一主题,融合多个学科联合执教,各展所长,分别在各自的学科版块给学生带来不一样的体验式学习。三是跨学科活动式融合"1+X"。"1"指的是某学科,"X"是对"1"的适当补充,包括主题特色课程,拓展实践课程,互联网实践基地等方面。这种扎根于学科、拓展于活动、浸润于氛围的学习模式,开放课程资源、课程形式、课程场所,足以带给师生互动中丰富的"生成点"。

三、"心悦教育"学科特色课程建构的目标

发展"心悦"课程与学科建设,首先需要明晰课程与学科的辩证关系。"心悦"课程包括学科课程和活动课程,可以说学科课程是课程体系的一个重要方面,它包括学生为未来生活所需要学习和掌握的知识、技能,同时也包括道德情感等重要内容,学科建设的好坏直接决定着课程体系的良性发展,确立学科课程目标是建构"心悦"课程体系的基础。

知识是学科课程的基础,能力是学科课程的关键,思维是学科课程的本质,品格是学科课程的核心。"心悦"课程学科课程建设的总体目标是让学生掌握学科核心知识、学科关键能力,学会用学科思维方法思考问题,培养学生的学科品格。为此,学校依据国家各学科课程标准和指导纲要及实际教育教学情况确立了各学科建设具体的课程目标,包括学科核心知识、学科关键能力,学科思维方法,学科品格四个具体目标。

学科特色课程建设的具体目标:

一是掌握学科核心知识。核心知识是指蕴含同一个基本的、反映学科本质特征的主要内容或关键内容，这些本质特征往往能反映共同的学科学习方法、学科观念和思维方式等，是一组内容或一类内容组成的知识群，指向人的精神、思想情感、思维方式，以及价值观的生成与提升。

二是掌握学科关键能力。掌握学科关键能力就要注重学科关键能力的生成，关注学生在学科的学习中是如何形成和发展学科关键能力的。在学科建设过程中，教师深刻理解学科内涵，重视知识理解、迁移和创新能力。

三是学会学科思维方法。每个学科都有其独特的思维方法，教师关注学科思维方法的独特性、新颖性、抽象性、概括性和延展性等特点结合具体教学内容训练学生的学科思维方法。学生能否运用本学科思维方式发现问题、分析问题和解决问题能够检验学生核心素养的发展水平。

四是培养学生学科品格。《课程标准》结合了学科特点和学生的年龄特征，在学科教学中强调培养价值观、传统文化、法律意识和民族精神。课程只有把品格教育和学科教学融为一体，才能更好地发展学生学科品格。

四、"心悦教育"学科特色课程建构的实施路径

课程建设思想要想扎实落地并掷地有声，学校必须依靠科学合理的组织运行机制。因此，学校全力落实"心悦教育"学科特色课程建构的实施路径。

（一）学科课程和主题课程统筹协调，促进课程全面发展

在实践层面，一方面学校积极倡导对学科课程进行深加工，用"心悦"思想浸润学科课程的点滴细节。另一方面，学校又积极推动习惯养成课、综合实践课、传统文化课、核心价值观课、心理健康课等课程，在学科拓展、能力提升、核心素养培育等方面对国家课程进行有益补充。学科课程和主题课程的统筹协调发展促进了课程转化为师生能力的有效提升。

（二）教师发展和教研培训齐头并进，提升学科课程质量

在学科建设中，教研是学科教学质量提升的必备途径。学校摒弃了随机化教研，实现教研课程化，努力构建教师发展研究培训一体化课程体系。学校以教师专业发展为课程建构主线；以教师人文素养、师德素养、职业素养、专业素养、信息素养核心素养培育为指标，建构分模块课程群；以教学联合体、学习共同体、导师团等项目为途径，借助国家及市区级教育教学专家构建基础培训、专项培训和骨干培训，教坛新秀、学科带头人、名教师的教师教育研培课程体系。

（三）学科知识向学科核心素养转化，提升学科课程内涵

从知识授受走向学科核心素养培养是"心悦"课程适应时代发展和社会发展对于教育教学的必然途径。基于时代、社会、家庭对教育的全新需求，学校用全新的思想与发展战略重新定位了教师教学策略，教师不仅要做好教学指导，更要引领教学研究；不仅要研究教与学，更要关注育人为本，发挥教育传承民族优秀文化，培育社会主义核心价值观的重要社会功能。

（四）师生发展的需求进步全力满足，探索提升课程有效性

学科建设需要满足师生发展的需求：教育的根本是促进师生的幸福成长。学科课程建设植根于师生发展，探索以课堂教学为渠道的促进师生发展的教与学方式变革。通过开展基于课堂提问、课堂反馈等实践，认真定位"心悦"课堂教学发展方向，在学科教学中落实素养培育。学校"心悦"课程思想与学科建设始终坚持以学生为本，把促进学生全面发展作为一切工作的起点和归宿。

1.提前充分准备，做到胸有成竹。增强与学生交流，了解学生发展水平。只了充分了解学生，才能做到心中有数，有的放矢。研究《课程标准》，认清当前任务；认真研读教材，把握知识深度广度。

2.严格落实各个环节，打造精品教学过程。

（1）打造精品教学设计，创设问题情境。知识是科学，科学的本质在于它的规律；那么这种规律的呈现方式必定是有规律有条理的。一个教学设计，其成

功与否的关键就在于它是否体现了这种规律,是否尊重这些规律。所以一个教学设计成功的标志之一就应是它环环相扣,密切衔接。授学生于有规律、条理化的、有完整结构的知识,不仅仅有助于学生建立知识的框架,更重要的好处在于,处理知识的这种思想将会对学生产生潜移默化的影响,学生们将以这种严谨的态度,严密的思维来处理其他的知识——学生将会获得知识以外的更重要的品质。教学设计应以问题为中心,重点突出,难点层层展开,层层深入。

首先问题就应悬念性,以悬念的形式向学生呈现问题,激发学生的兴趣。其次,要将这一个大的、复杂的问题分解成几个小的子问题,使难度降低,以利学生将问题和现有知识进行联系。再次,所设置的问题就应具有必须的梯度,只有这样才能让学生沿着逐个问题层层深入,最终完成教学任务,实现教学目标。

如戴君老师的教学设计《组合图形的面积》就很好的体现出这一点,利用交互式白板化静为动,在三种思想中,割补转化对于学生而言是相对抽象的,利用白板翻转和拖动的功能,将不规则的图形转化成股则的图形,让学生"眼见为实",理解深刻,掌握割补法从而突破重难点。另外利用授课助手 APP(手机应用软件),随时拍照分享学生们不同的做法,减少了学生之间信息传递的延迟,有助于学生在短时间内,参考不同的做法,从而得到启发。利用白板将多种方法按照思路梳理,因为思维导图可以清晰地反应知识之间逻辑关系,从而有助于高年级学生对知识的理解和掌握。让学生自主探索,在具体的情境中领会转化的数学思想,体会并掌握计算组合图形的多种方法,并能在基础上选择最有效的方法解决实际问题。

然而,一个合格的教学设计绝不仅限于知识,而要设立三维目标。尤其是长期以来被忽视的情感、态度和价值观目标的设置。为此,要善于挖掘教材,将隐含的能够作为情感教育的点显性化,适时教育学生。

如李津老师在心悦课堂时间中就主要采用以任务型教学模式为主,以活动合作为主线，让学生在教师的指导下，通过感知体验实践参与合作游戏感悟等用来组织教学，彻底改变传统的"授—受"教学模式，促进学生语言的实际运用能力。这节课不论是新知识的呈现，还是游戏的设计，都能紧紧的抓住学生的注意力，吸引学生的眼光，让学生积极参与到课堂中来。学生在玩中学、学中用，提高了课堂实效，培养了学生学习的兴趣。纵观整个教学，课堂上有激情，有活跃、有思考、有问答，以听说为突破口，提高英语课堂教学的有效性，培养学生发现规律总结规律的良好学习习惯。

在课堂教学过程中，要落实"自主、合作、探究"的新课程理念。倡导学生自主学习，增强研究潜力、攻关潜力；提倡相互合作，增强学生的团队意识、合作精神；在自主学习和合作研究中探究问题，得出结论，从面提升学习潜力，得到相关知识。

（2）落实面向全体原则，优差兼顾面向全体。著名教育家苏霍姆林斯基指出："每个孩子都是一个完全特殊、独一无二的世界。"在实际教学中，由于班级人数过多，教师规划的教学目标、教学内容、教学过程和方法的要求，往往只能照顾到部分学生，而不适合所有的学生。掌握学习理论认为，每个学生都应获得公正的机会去达到他的学习目标。

这就要求教师要在平时的教学和生活中对学生做大量的工作。如了解他们的生活背景、家庭成员关系、社会关系等涉及学习和生活的各个方面。要做到全体学生兼顾，最佳途径就是实施分层教学。所谓面向全体是指所设置的教学目标要适合学生的全面发展，把学生培养成合乎要求的人，适应社会当今时代的人；面向全体还指要打破以往的精英教育，转变精英教育的理念，而要大力推行大众教育，作为教育工作者要把提高学生素质当作己任。面向全体也指要转换视角看学生，尊重学生个性发展，为学生的发展奉献自己的绵薄之力。所以，教师要重视每一个学生，让教育面向每一个学生，不放弃每一个学生，挖掘他们的潜能。

（3）重视过程评价，及时信息反馈。重视过程评价即指学生作出相应的反应后，教师要及时评价，重视师生情感交流，逐步建立师生情感纽带；调动学生的用心性，保护学生的自尊心。用心的评价对于学生是一种正强化，以后他们将会出现更多的我们所期望的行为。重视过程评价了终极目标是使学生产生兴趣，使学生乐其业、钻其业、精其业。

要树立全面衡量学生知识、能力、情感的综合评价观。建立学生全面发展的多元化评价体系，不仅有对学生知识的评价，而且有学生人格形成的评价，还有能力与水平的评价，身心发展的评价，品德养成的评价。信息交流渠道要广，体现出教师与学生之间以及学生与学生之间可以进行多向信息交流的特点。教师应作为评价过程的主导者和信息传递的中心，把握好时机，及时调控，准确掌握学生的学生状况，控制教学过程，及时带给学生蜕变的欢乐，激发学生的求知欲望和创造精神。在评价方式上，将口头与笔头、知识与技能、操作与实验、竞赛与活动、问题情境与社会实践灵活地运用到评价中，创造性地"寓考于乐"，淡化考试竞争、淡化分数意识，充分发挥考评对学生发展的诊断功能、激励功能和对教学的改革功能，重视形成性评价。

（4）创造激励性的教学情境，引导学生用心参与。创设教学情境和活动，适时设置问题，激起参与欲望，提高参与程度。学生的参与程度直接决定着三维目标的实现状况。而学生在相关的情境中激情参与，这本身就是一种态度的转变，其本身就是一种情感教育。

创设和谐、愉快、民主的课堂气氛，以真挚丰富的感情吸引、启发和激励学生，开发学生的非智力因素，以情激学，使学生的智力和情感能够在学习中得到发展是素质教育所追求的情境。树立民主、平等、合作的新型师生关系观，运用"亲其师，信其道"的心理效能，把爱心、微笑、激励带进课堂，形成平等宽容、相互理解和尊重的格调，营造民主愉悦的氛围，才能使课堂上的教与学活动产生最佳效益。

（5）充分利用教学资源。在知识呈现的过程中，教师要利用多种类型的教学资源，传统地能够利用板书，当然更能利用多媒体。但教师往往陷入一个误区：只利用多媒体，备课的过程就是备课件的过程，其实这种做法是不对的。一些教学工具是为呈现知识服务的，只有它利于教师展增示教学资料时，才利用多媒体。板书的作用是不可偏废的，最佳的状态是两者兼用，嵌合使用，做到各司其职，有机交叉，不重不漏，富有条理，重点突出，难点突破有亮点，深入浅出。

传统的教学媒体，如实物、粉笔、图画等，有利于学生实际观察能力的培养。现代化的媒体，如电视、录像机、计算机有利于激发学生的学习兴趣，降低学习难度，促进学生积极思维。所以选择使用教学媒体时，应在认真分析教学内容和学生实际，确定教学目标的基础上，根据各种媒体的特点，师生双边活动的需要，选择最佳媒体，使教学内容和教学媒体进行现代化结合后，再付诸课堂教学实践。

"心悦"课程体系为学科建设指明了发展方向，特色化的学科建设也凸显了昆明路小学教育教学的特色。随着课程改革的不断推进，在由学科本位向素养本位转化的教育理念引领下，"心悦教育"课程坚持立德树人的根本导向，培养学生核心素养，关注将学校自主的课程文化和学科课程统整来促进学生全面发展，探索出一条具有的特色学科建设之路，充分体现学科建构的特色与文化，创造性地基于国家课程、遵循课程标准进行学科拓展性课程的研发，体现课程的育人功能，最大程度满足学生发展需求与多样选择的课程建设，真正实现"心悦教育"润物无声。

第三节 素质拓展课程，让"心悦教育"走进生活

▶▶▶▶▶

　　课程位于教育的核心地位，是实现教育目的的重要途径。课程决定着学校教育的质量和教育的品质。我们在用今天的课程，在今天的课堂中培养着明天的人。从课堂走出去的学生能不能满足未来发展的需要，能不能适应大数据时代给整个世界带来的巨大变化，是摆在每一个教育工作者面前的难题。基于学校办学理念的课程创新，是在理念和育人目标的统领下，将各类课程进行整体构建。

　　素质拓展课程是引导学生深入理解和践行社会主义核心价值观，实现学校育人的现实基点。素质拓展课程是课堂教学的延伸性活动，是进一步深化教育教学改革，全面落实立德树人根本任务、推进素质教育的重要体现。开发丰富多彩的素质拓展课程，把实践活动课程纳入学校课程体系之中，对学生体验人生，关注社会，解决实际问题，培养创新精神和实践能力具有重大而深远的意义。

　　素质拓展课程是"心悦"课程实施的重要组成部分，是学生个性化学习的主要载体，是学生综合素养提升的重要舞台。素质拓展课程在提升学生综合素质、改变学生的精神面貌、涵养心灵、促进学生多元化成长发挥着重要的作用。学校围绕"心悦教育"，因地制宜地开发了一系列的素质拓展课程，充分发挥学生

自我教育、自我管理、自我服务的功能,使素质拓展课程在推进学生素质教育进程中发挥了突出价值和功能。

学校一直把素质拓展课程建设作为特色办学、促进内涵发展的重要工作内容。学校坚持立德树人,全面实施素质教育,按照"政府主导、社会支持、学校组织、学生自愿"的工作思路,以提高学生核心素养为基点,以主题活动和学生实践课堂为载体,深入开展素质拓展活动。通过规范的管理、有效的课堂,提升学生的综合素质,培育学生的健全人格,促进学生身心健康发展,切实增强学生的社会责任感、创新精神和实践能力。

素质拓展课程鼓励学生广泛涉猎,培养多种兴趣。学校以兴趣活动为载体,突出前瞻性、活动化、系统化、多元化特点,要求形成"课程有特色、人人有项目、周周有活动"的特色课程氛围,全面提升学生的综合素养。素质拓展课程主要以学生的实践形式为主,本着"实践、自主、创造、多样"的原则,充分发挥学生的兴趣爱好和个性特长,增强其审美鉴赏力、生活表现力和思维创造力,提高其人文素养和艺术修养。素质课程通过"自主管理、自我服务、自觉提升"的形式,重在提高学生的自主管理能力,建构了以学生为中心的课程,赋予素质拓展课程发展的生命活力。

一是梳理素质拓展类别,丰富活动内容。素质拓展课程尽可能满足每个学生的特长发展需要,涉及体育艺术、生活技能、科学创新、人文素养、学科拓展等多门类,开发了足球、乒乓球、篮球、足球、羽毛球、毽球、桥牌、儿童绘画、软笔书法、硬笔书法、剪纸、合唱、舞蹈、手风琴、戏剧、茶艺、编织、探索实验、创客空间、软件编程等50多门课程,做到全员覆盖,学生参与率100%,教师参教率100%。

二是主持开发素质拓展校本读物,力求活动课程化。严格落实课程建设方案,做到"三个到位":时间到位、地点到位、教师到位。同时,加强素质拓展活动过程管理,要求每门素质拓展课程必须制定出培养目标、活动计划、评价细则。

三是融合多方资源,充实师资队伍。为了提升辅导教师的水平,学校在不断提高本校教师素质拓展课程建设能力的同时,积极引进和平区少年宫、和平区劳动技术中心、优质社会教育机构的专业教师深入素质拓展课堂,加入有地域特色的教学内容,挖掘传统文化,通过多元化的活动形式,提高素质拓展活动品质,培养学生个性特长。

四是构建评价体系,促进素质拓展。学校为提升素质拓展课程质量,制定了相应的考核评价标准,每学期通过评选、表彰优秀拓展课程,推进品牌课程建设。针对学生个体表现,教师在社团活动中跟踪记录,建立发展档案。结合学生自评、互评及成果展示等,评出"特长之星""希望之星"等,并把获奖学生的图片、作品在全校展示。"星"的评选对学生来说,是催发学生向上的动力。"心悦"素质拓展课程建设不仅承载着素质教育的希望,更是发展学生个性特长的基石。

用脚步丈量童心,以"心悦"助力成长,借改革推动发展。学校通过素质拓展课程的开发与实施,激发学生的创造性和人际协调能力,提升学生核心素养。教育在于激励、唤醒和鼓舞。贴近学生、贴近生活、贴近时代将是立德树人不变的途径。在实践中,学校将素质拓展课程与学生个性特长协调统一发展,调节学生的自我意志,完善自我认识水平,形成个性品质,使素质拓展课程成为学生学习、收获、成长的舞台。

第四节 个体定制课程，让"心悦教育"排忧解难
▶▶▶▶

在学校的育人系统中，课程是育人目标和办学理念的直接载体，也是开展一切教学、管理、评价工作的前提和基础，学校对于学生发展的顶层设计必须通过课程这一"中介"才能进入到真实的教育场域。从某种意义上说，只有改变课程，才能从根本上变革教育。课程是学校教育的心脏，有什么样的课程就有什么样的学校教育。只有构建符合学校教育哲学的课程，才能走出特色办学之路。课程是学校最重要的产品，学校课程体系设计和运作的出发点应当是为学生全面而有个性成长提供教育支持。

基于落实核心素养、完善课程建设、培养学生实践能力等目的，昆明路小学确立了"立足学校、辐射社会、渗透家庭"的开发思路，构建校内外一体、社会与自然融合的"心悦"个体定制课程体系。为建设具有先进性、科学性、整体性的"心悦"个体定制课程文化，学校确定了"以课程内容满足学生的个性发展为纲，以课程建构的校本化统整与创新为要，以课程实施的全面规范化为本"的个性定制课程目标，真正让"心悦教育"为师生排忧解难。

一、构建"三层六类七途径"的"心悦"课程体系

昆明路小学在"心悦教育"的引领下，以国家课程校本化有特色为着力点，初

步构建了"三层六类七途径"的个性定制"心悦"课程体系。具体而言,"三层"指个性定制"心悦"课程包括基础课程、拓展课程、特色课程三个层次的课程;"六类"指个性定制"心悦"课程,包括教学课程、自学课程、体验课程、游戏课程、心理健康课程、个体微课程六种课程类型;"七途径"指个性定制"心悦"课程包括自主选修、预约定制、跟踪引领、展示绽放、师生联动、家校携手、社会引进七条实施路径。

基于学生核心素养发展,学校打破原有的课程间的壁垒,有效整合国家基础课程,补充相应的校本课程,开发素质拓展课程,使之形成一套较为科学的、基于国家课程又高于国家课程的教育课程体系。目前,昆明路小学已经开发了50多门个性化课程。这些课程有的属于校内教师自主研发,有的属于校际教师联合开发。丰富的课程资源给予学生自主行走的权利、亲身体验的时空,让他们享受有文化气质、个性生长的校园生活。

二、"一融通六项目"整体性课程的实施

基于建立以学生发展为本的新型教学关系,学校构建了"一融通六项目"整体性课程实施路径。为给学生自主成长、多元发展创设广阔的空间,在课程实施过程中,学校尝试统筹各级各类课程,将教育与教学有机、有效融通;依据学校明德、益智、尚美、健体、长技、创新的课程培养目标,探索六大项目整体推进的课程实施。

一套完整的课程体系要有系统思维和顶层思维,内力驱动、顶层设计、结构体系是其最为基本的要素,对这些要素的深度探究,无疑是学校个性定制课程研发的关键环节。课程建设是课程"设计—研制—实施—改进(反思)"四个环节呈螺旋上升过程。在这四个环节过程中,设计是前提,研制是基础,实施则是整个课程建设的核心环节。把握整个课程建设、实施的系统化原则,以一以贯之的"心悦教育"理念把控全局,落实到每个环节和每个负责者上、统筹规划,

以保证最终效果的实现。

（一）加强基地建设，丰富体验内容

在学校里每个班级在不同的年级段都可以根据学生的意愿和需求，由班主任协助为大家选择一至两个基地进行活动。如学校附近的社区、公园、场馆等都是实践活动的好去处。六年来，每个班至少拥有六个基地，真正实现了班班有基地、人人有收获。此外，学校聘请家委会成员走进"心悦学堂"，通过结合自己的职业特点，调动学生广泛参与实践课堂的热情。

作为教育主体，学校也积极主动去挖掘家长资源、社区资源、学校资源、场馆资源、自然资源等，丰富实践课堂内容。截至目前，昆明路小学与和平区非遗博物馆、和平区图书馆、周恩来邓颖超纪念馆、平津战役纪念馆、天津市自然博物馆、天津节水科技馆等二十多个场馆签署实践合作协议，为学生心悦实践课堂提供优质服务。

（二）开展项目学习，激发探究兴趣

心悦实践课堂强调学生从真实生活和发展需要出发，从生活情境中发现问题，进而开展调查研究。学校带领各科教师积极探索 STEAM 项目学习，如结合学校所处地理优势，开展"探究五大道的秘密"活动，语文教师带领学生搜集五大道的名人故事；数学教师让学生运用优化思想，设计最理想的游览路线；科学教师引导学生探究五大道停车方案、制作停车场模型；信息教师带领学生们搭建五大道旅游网站；美术教师指导学生运用自己最擅长的技法表现五大道景观之美，引导学生放飞自己的心灵，汇集各自的智慧。

（三）岗位角色体验，提高实践技能

重视劳动教育是社会主义教育实践的传统与特色，更是建设中国特色社会主义伟大事业的迫切要求。学校通过岗位角色体验活动为学生搭建起成长的阶梯。开学初，教师和学生一起讨论，把一天的学习和生活中要做的事情变成一个个小岗位,通过班级十小员、校级先锋岗、家庭小能手、社会爱心岗等不同的岗位角色体验,让学生用眼睛去观察、寻找岗位;用心灵去体验责任和承担。早在 2015 年,学校就建立"小鲁班工作坊"。鲁班床、缝纫机、立体十字绣、物联网种植、单片机、3D 打印等原来在初中才能接触到的劳动训练,已走进昆小的校园,成为每个学生的必修课。

三、内联外合,建设高质量的师资队伍

建立高质量、专业化的教学团队是顺利实施学校定制课程的关键。由于大部分学校受教师专业修养和专业结构等现实因素制约,如果局限于学校内部的教师,是不能保证师资队伍的专业化与高质量的。教师在课程开发中扮演着非常重要的角色,学校的课程开发的成功有赖于教师真诚参与的意愿,教师在课程开发方面的能力以及他们所能够获得的课程资源。因此,昆小走出校园,利用社会资源,通过内联外合的方式,建立开放式的师资队伍。

对于"心悦"个体定制课程的实施,针对专业化程度要求较高的课程,学校通过各种途径邀请能够胜任的教师任教。同时从学校、社会聘请思想素质高、专业素质好、综合素质强,而且热爱教育事业的各类学者、能人、民间艺人、家长等参与到学校"心悦"定制课程的实施中来。这种开放式、包容式、联合式的师资结构,为学校解决定制课程师资力量不足的难题,为定制课程顺利实施提供了师资保障。

四、以学生为中心,赋予课程发展的生命活力

学校把以学生为中心作为学校课程建构与研发的核心,常用"四问"来规范"心悦"个体定制课程建设行为。一问"学生需要吗",即课程应直接或间接满足学生自我完善与自我实现的需求;二问"学生喜欢吗",即学生对课程的认同

与学习兴趣,促进学生形成课程学习的内趋力;三问"适合学生吗",即课程符合学生年龄特点,遵循最近发展区理念,具可接受性;四问"能促进学生发展吗",即以生命健康为标准,课程能促进学生个性张扬而又全面发展。

"四问"构成学生核心素养的立体培育场。师生间、生生间心灵互动、思维碰撞;课程间相辅相成、合力育人。课程的同心圆循序转动,周而复始,悦享童心,快乐成长,焕发出生命的灵动活力。

一系列的个性定制课程帮助学生了解和认识自己在当前形势下的应激情绪反应,学习用正确的方法调节情绪,引导学生从"消极"中寻找"积极",并通过有意识的训练来培养积极情绪,提升生活幸福感。在"心悦"个体定制课程建设中,学校紧紧抓住一个核心理念,突出两个特色建设,做好三项重点工作。"一"个核心,即抓制度、抓管理、抓师德、抓队伍,促进学校内涵发展;"二"个特色,即加强校园足球和心理健康教育特色建设,全面提升办学品质;"三"项工作,即以班级建设为切入点,落实学生习惯养成教育。以质量提升为重点,坚持科研引领,落实教学模式,推进课程改革;以课程资源开发与整合为契机,构建学校校本课程体系,促进学生全面发展。

五、心理健康教育与多个主体活动结合

(一)开设心理健康教育与校本课程开发结合

课程的特色是学校根据各自特点,开设课程向学生普及心理卫生常识,使学生能够了解、分析自己的心理状况,提高抵御心理疾病的能力。

(二)心理健康教育与班主任工作结合

班主任与学生接触最多。新课程改革要求班主任自身应身心健康,同时也应掌握心理健康知识,能及时发现学生的心理健康问题,并做好预防工作。我

校不定期为班主任培训,使班主任首先的心况、人格魅力保持健康向上。

(三)心理健康教育与日常学科教研活动相结合

在各科教学中渗透心理健康教育。首先,要求教师要有心理健康教育的意识。其次,教师要根据学生的心理规律来进行教学,在教科室和教务处的重视下,我校成立校本心理教研组,部分教师提供了多篇教案,并及时反思。

(四)心理健康教育与学校校本培训相互结合

心理健康教育与学校校本培训相互结合,学校经常开展校本教研和校本培训。当然,最重要的是教师应重视自学和自我提高。学校重视教师自身的心理健康,指导教师运用科学知识调整自己的心态,使自己始终处于一种积极的、乐观向上的健康状态,以旺盛的精力、丰富的情感、健康的情绪投入到教育教学工作中,真正成为"人类灵魂的工程师"。

(五)心理健康教育与学校德育工作相结合

心理健康教育与学校德育工作相结合,部门工作、教育资源等得到有效整合。在平时的学生思想工作中,任课教师和班主任能主动运用心理学知识和原理,把工作做在前,让学生心理服气,行动中争气,遇到困难有勇气。学生德育工作的主要组织例如政教处、学生会、团委、少先队把自身的工作与特色项目紧密结合。如开展心理绘画比赛,画出"我的情,我的心"大型绘画活动;志愿者进社区宣传活动,心理委员的选拔和培训工作,都有条不紊地分阶段铺开。同时,把这些活动与班主任考核、有些班集体和学生"校园之星"的评比有机结合,有点有面,逐渐融合。

六、加强校园心理氛围建设,潜移默化实施心理教育

利用学校的隐性课程——校园氛围,把它与特色教育相结合。加强校园心理建设,如设立心理教育专题板报,教室布置中凸显心理健康教育的主题,从而

营造浓厚的心育气氛,起渗透性、暗示性的作用,使学生潜移默化的影响,在不知不觉中接受心理健康教育。

(一)关注家长心理,形成心理教育网络

学生心理压力和心理问题不仅来自学校,也来家庭。因此,心理健康教育应延伸到家庭中。学校采取"家长与学生同时接受"的策略,提高家长的心理健康教育意识。为此,我们有针对性地为不同年级段的家长写信,坦诚交流教育经验和成果,家校互动,效果显著。

(二)建立家长学习

学校邀请天津市家庭教育中心专家开展家庭心理健康教育讲座,如《做一个会讲故事的父母——陪孩子一起阅读》《面对青春期的孩子——如何做智慧家长》等。六年级家长开展《营造向上成长环境,助力孩子成为热爱学习的人》讲座。此外,我们还邀请家长从德智体美劳五个方面,与家长开展了家庭"五育"培养分享会。

(三)关注家长的心理变化

让学生和家长双生入学,除了常规要求,要特别注重缓解家长的焦虑心情。利用线下家长学校和线上家庭教育课堂帮助家长做好心理建设。开学前,学校都会开设家长讲堂,聘请专家为学生和家长进行家庭心理指导,以此缓解家长的焦虑情绪。教师也会及时向家长展示学生在校的一日生活,让家长能够了解感受到孩子的成长变化。

(四)为亲子提供互动的机会

如学校举办足球联赛、亲子"心运会"、亲子阅读沙龙、亲子劳动技能比拼等,给家长创造丰富多亲子活动、沟通的机会,增进彼此的了解,享受快乐的亲子时光。

第六章 ▶▶▶▶▶ "心悦教育" 的实施措施

　　为学生搭建关注、关爱、发展、成长的平台,是学校实现立德树人根本任务的重要途径。昆明路小学将"心悦教育"融入学校教育的方方面面,创立了以心育为主导的"管、教、导、领"四位一体的工作模式和"一合三建五线"的积极心理健康教育实施模式,构建了多样、共生、平衡、发展的多元教育生态共同体,实施全方位育人,促进学生心悦成长、全面发展,培育学生关键能力和必备品格,最终实现师生生命的心悦成长。当前"一合三建五线"工作已确立"心悦教育"文化,提出学生"悦己学业"和教师"悦己事业",培养其积极心理品质,使学生积极发展成为毕生学习者,让教师持续发展并提升其职业幸福感。"心悦教育"就是尊重教育规律,为学生的健康成长提供肥沃的土壤、清新的空气、充足的阳光、适合的雨露,等待花儿静静绽放美丽。

第一节 "一合"：心育与教育教学工作相结合
▶▶▶▶

2020年政府工作报告里提出："优化投入结构，让教育资源惠及所有家庭和孩子，让他们有更光明未来。"全面落实立德树人根本任务，全面提升教育教学质量，让所有孩子成长成才是教育事业神圣的使命。学生的成长，既是一切教育行为的落脚点和着力点，又是学校内涵发展的最终取向。为了育成完整的"人"，学校注重积极心理健康教育与学校整体教育教学工作相结合，回归到学生快乐成长的本源。

学科教学是学校教育的中心环节，也是心育的主渠道之一。课堂教学是学校教育的主阵地。所以提升学生的心育水平，使心育渗透在课堂教学过程之中，即寓心育于教学过程之中。强化教育教学管理，抓好常规课堂，打造"心悦"课堂，在深化内涵上下了工夫。同时，深入研究如何在课堂教学、学校日常工作中渗透心育，树立心育的观念，寻找学科教学内容中的教育契机，把握心育的最佳时机，把对学生心理素质培养与提高，自觉渗透到学科教学活动中，使其相互影响，相互促进。

学校一直致力打造"教学相长、个性相悦"的课堂。重拳出击，多方发力，保障不同学科的统整性和不同课型的针对性；变革教与学的方式，小组合作、思维导图、微课录制；利用教育云空间进行"前置性学习"，电子书包教室，建立"互联网+"的高效互动学习范式。

"共研、共享"的主题式研究是学校进行"心悦"课堂开发的重头戏。如语文学科阅读素养微课程的研究，遵循"大语文观"的眼光，在链接国家课程内容的同时，拓展语文知识视窗；数学学科将十大核心素养融合到数的游戏、模型建构、符号妙用、解决问题、创新运用等专题拓展中；科学学科开启了 VR 学科素养微课程研究之路等，以丰盈课程夯实学科素养要点。

学校还搭建了多元化的发展平台，全面提升师资队伍的整体水平和师德素质。按照"制订先行课计划—基于个人经验独立备课—学科组集体备课研讨—第二次备课—上课、观课、议课—第三次备课—总结反思"等步骤教研模式，构建了具有学校特色和教师个人特色的高效课堂教学模式，提高了学校的教育教学质量。为实现"心悦"教育目标，学校还构建了信息资源库，形成了学科作业库、优质课、微课课例库、教学设计集锦、课件库和"三案"库。先行课结束后，不管是执教者还是听课者，研课后都要进行诊断、反思。

课堂是实施教育的主要场域，"心悦"课堂结合心育，遵循教育规律，追求精简脉络图层，它强调课堂教学思路和学习方法的清晰，讲究教学过程与学习形式的简约，具有丰富、浓厚的文化韵味，彰显了"心悦教育"所追求的智慧与品质。学校以教育教学推进为中心，以课题研究和常态实施为主线，以"统筹规划、先行试验、以点带面、全面推进"为途径，形成了心育与教育教学工作相结合的科学化、有效化、常态化发展模式。

一、重视情感教育，培养学生优秀品质

当前学生心理压力过重，焦虑、依赖、畏惧、厌学等心理问题比较严重，必须针对这些情况开展心理指导。如个别谈心、帮助学生建立"帮教对子"等。用教师的真情关心、爱护他们,使他们真正感受到教师真诚的爱,逐步唤起他们勤奋学习、追求进步的信心。

二、充分挖掘教材内容,渗透思想教育

理想是学习的动力。有意识、有目的、有计划地利用课堂教学对学生进行思想教育,如利用课后阅读教材和学生所学的知识向学生介绍所学内容的发展简史,引起学生主动探索和联想的心理效应。同时在教学中,引导学生认识到从现实生活中来,又应用于现实生活,利用知识解决实际问题,激发学生认真学好知识,掌握解决实际问题的本领,为社会主义建设服务。

三、充分挖掘美,激发学生学习的兴趣

兴趣是最好的老师。心理学家指出,人们对美的各种形式的感受,能使大脑进入兴奋状态,从而产生愉快的体验。因此,美感的东西最容易被人们接受,而且很难忘记。教学中,教师充分利用图形的动态美、结构的对称美、数据变换的图像美、应用的生活美等,给学生学习的一种美的享受,激发学生学习的兴趣。

四、在教学方法上渗透心理健康教育

教学中,教师应因材施教,分层教学,学生可以逐步得到提高,有利于学生形成健全的人格。在课堂教学中,尽量使每个学生都能参与进来,形成师生互动。有时安排学生自己讲解题目,鼓励学生站在讲台前,面对全班学生讲解,分析自己对题目的理解和看法,通过讲题、讲知识,相互交流的过程,使学生变得自信、勇敢。

五、在教学中优化师生关系

教学过程是师生交往的过程。师生的交往是人与人的交流，它贯穿教学的方方面面。在教学中，教师是主导，学生是主体，他们间的交往是平等的、民主的、合作的关系。

昆明路小学积极探索心育与教育教学工作相结合改革实践，坚持全域、全员、全课、全程的理念，以心理健康教育为基点，把社会主义核心价值观融入全过程，构建了"心悦教育"特色体系。学校通过有计划、有组织的"心悦教育"，贯彻落实知行合一的目标，扎实推进课堂育人、课程育人，着力提升学生社会责任感、创新精神和实践能力。

第二节　"三建"：建设三支队伍
▶▶▶▶

学校发展,质量为本;质量大计,队伍先行。提高学校"心悦教育"特色,提升学生心理健康水平,须使之内化为教师、学生的职责与素养、融入教育教学全过程。"心悦教育"的基点是爱,表现为互动,过程是合作,目的是生命的健康成长。为保证"心悦教育"科学有序地推进,昆明路小学以骨干教师培养为龙头,建设三支队伍,即积极心理健康教育教师骨干队伍,具有较强积极心理健康教育实施能力的班主任队伍和学生心育委员队伍。通过辐射带动,多样化、多层次、多角度为师生成长提供机会,促进教师专业化发展,促进学生健康快乐成长。

学校一方面引进专业心理健康教育人才,另一方面加强校内教师的培养,同时加强学生心育队伍建设,逐渐形成了专兼结合的心理健康教育师资队伍和学生队伍。这三支队伍形成专兼集合、参与广泛、分层落实的良好格局,在昆明路小学建设发展"心悦教育"的历程中承担着相当重要的角色,是实现"心悦教育"必不可少的角色。

第一支队伍:积极心理健康教育教师骨干队伍。这是心理健康教育工作的中坚力量。目前,学校有专职心理健康教师 2 人,兼职 10 人组成心育团队,定期开展教研工作,积极参与各种交流学习活动,不断增强理论学习能力,更新教育教学观念。专职教师注重提升技能,心理教室多次参加天津市家庭教育研修班培训取得国家高级家庭教育指导师的资质及中国心理学会和中国心理学会临床心理学注册工作委员会天津督导点各种培训项目共计 500 余学时。

第二支队伍：具有较强积极心理健康教育实施能力的班主任队伍。这是心理健康教育工作的重要力量。学校在班主任例会上对教师进行专业培训，定期开展班主任积极心理健康教育培训，提高班主任积极心理健康教育意识和能力。

第三支队伍：学生心育委员队伍。这是心理健康宣传和危机预防的基层力量。目前，昆明路小学各班均有 2 名心育委员，男女生各 1 名，定期参加心育委员各项活动，提升学生心育委员心理健康水平，培训心育委员带领所在班级开展心理班会、心理拓展游戏的能力，由心育委员参与制作的心悦电视台获天津市文艺展演小学组奖项。

加快推进符合新时代要求的教育教学改革，是避免素质教育流于空谈的重要举措之一。学校将心育融于课堂教学之中，创造性地将班级管理、课堂教学、社团活动和心理辅导有机结合起来，打造了一支以专职教师为骨干、专兼结合、专业互补、相对稳定、素质较高、师生联防、覆盖广泛的心理健康教育队伍，齐心协力创建学生快乐、教师幸福、社会满意的学校。

一是引导教师树立科学的心理健康教育观。心理健康教育是教育的自有之义，科学的心理健康教育是每位教师都应该关注的，是在与教育相关的所有场域中都可以发生的，是不限于专门的心理健康教育途径的。教师应认识到心理健康教育须着眼于学生的发展，而不是只盯着"问题"。

二是提高教师队伍全员心理健康教育能力，将学生的认知状况与心理状态作为教学管理和教育活动开展的基础，努力拓展心理健康教育发生的渠道，探索将学生心理发展列入各项教育教学活动的目标之中，并挖掘教育教学内容中的心理健康教育意义，加强教育教学中的情感性设计，尽可能将心理健康教育意识化、理性化、常态化。

三是加强专职心理教师队伍的建设,同时面向全体教师开展心理健康教育培训。如天津师范大学心理学部唐卫海教授为教师们开展了名为《多元智能理论与应用》的讲座。唐教授向教师们深入浅出地介绍了智能的八大方面,提出小学阶段的儿童应当多元并重,共同发展。学校还邀请了天津安定医院青少年心理科主任孙凌为教师们开展了《我不是不听话》的讲座。专家的讲座以儿童期心理行为问题中最常见的注意缺陷与多动障碍为主,结合实例介绍了该症的发病率、发病原因、症状特征以及康复保健等。教师不仅学到了应对方法,工作的焦虑情绪也得到了缓解;此外学校心理中心教师还带领大家开展了心理辅导活动。

四是探索建立积极心理健康教育新体系。借鉴积极心理学的理论主张,深入研究心理健康教育对学生发展的促进。积极心理学的理论主张,与心理健康教育中着眼于学生"发展"。将学生出现的各种心理问题视为"发展过程中的问题,且会随着发展而得到解决"的出发点不谋而合,其目标也是培养学生良好积极的心理品质。学校采取"走出去,请进来"和自我培养的方法,加强心理健康教育培训,每年选派专兼职教师参加学术交流活动和系列培训,邀请专家来校讲学。通过加强对学校、班级心理工作网络的多样化培训,建立了一支专业素质高、责任心强、反应迅速的"心悦"工作队伍,实现全员育人、全程育人、全方位育人,为学生点亮理想的灯,照亮前行的路。

路虽远,行必至;事虽难,做则成。学校把构建完善的心育队伍,搭建多种平台,拓展多条途径,让学生感受体验快乐、学习创造快乐、主动传递快乐、形成健康快乐的校园环境作为具体的工作目标。通过构建完善的心育队伍,搭建多种平台,拓展多条途径,经过师生们的共同努力,学校的人文环境、师生的精神面貌发生了很大的转变。

第三节 "五线"：五条主线工作
▶▶▶▶

　　教育的目的是培养学生德智体美劳全面发展。昆明路小学以促进学生健康成长为愿景，以学习技能的习得和生活体验的完善为基石，规划和提升"心悦教育"体系，实施五条主线工作，让"心悦教育"自由呼吸，传递教育的温度。

　　"五线"，就是五条主线工作，即开展心理健康教育教学、利用心理健康教育中心开展团辅和个性化辅导、坚持学生心育委员培养工作、开展学生家庭心育指导、走进社区实施心育拓展。这五条主线是学校在实践过程中的主要活动，也是构成"心悦教育"必不可少的环节和步骤。正是因为这五条主线工作，才能使得学校心理健康教育顺利进行，促进"心悦教育"体系落地生根。

一、第一条主线：开展心理健康教育教学工作

　　学校从课程育人、文化育人、活动育人三个角度开展。

　　课程育人，夯实心理健康教育根基。学校根据修订后的《心理健康教育指导纲要》的要求，构建了"向日葵"积极心理健康教育课程体系，安排在课程计划中。此课程共包含三类课程。首先是根据学生年龄特点在每个年级开设的常规心理健康课。如低年级"我爱上学"适应教育课，中年级"十岁天空"成长课，五年级积极心理健康教育校本课，六年级"逐梦起航"毕业课。二是利用素质拓

展课开展四五年级的"七彩向日葵"心理社团活动课,包含心育委员培养、女生课堂、游戏拓展等多形式多内容的社团活动。三是针对学生及家庭特殊需求的订制课程,该课程分为家庭心理健康教育指导和个体辅导两个部分,目前已累计为百余人次提供了千余时的该项服务。

文化育人,濡染心理健康教育气息。学校的"心悦教育化"在校园环境布置中得以体现。楼道的精心设计成为吸引学生驻足的"心灵走廊",心理漫画、趣味心理图片、心理健康手抄报、心理小故事、学生和家长的亲子秀,无不润泽舒缓着学生们的心灵。电子班牌、操场大屏幕等多媒体设备展示着班级动态、学生风采、活动的精彩瞬间。丰富的内容提高了学生对学校的了解。隔周一次的心悦电视台及时向学生宣传心理健康知识、报道校园心理健康教育动态,展播学生排演的心理剧和心理微电影等。

活动育人,丰富心理健康教育内容.学校通过组织系列主题活动,引导学生积极发展。"涂抹心声,悦见绘本"儿童绘本故事创作活动。旨在鼓励学生将自己对外在与内在世界的感知,以独特的视角、率真的方式自由地表达出来。学校挑选部分作品汇集成名为《春燕新泥》的绘本画册。"解读幸福密码"主题活动,是引领学生了解二十四个积极心理品质的心育活动。根据学生对积极品质的解读和搜集的故事,学校编辑了《昆明路小学积极心理品质口袋书》另外,在学校各项活动中都与积极心理健康教育有机结合,体现"心悦教育"理念。

二、第二条主线:利用心理健康教育中心开展团辅和个性化辅导

开展心理健康教育,普及心理健康教育基本知识,开展个性化辅导是全面落实立德树人根本任务,是构建和谐校园、缓解压力的重要举措。学校定期向学生传播心理育人知识和方法;开办主题类访谈栏目活动,开展心理素质拓展

活动,增强学生基本素质。通过学生团辅和心理沙龙、心理征文大赛和心理剧大赛、等活动,建立起教师向学生层级传导的实践活动育人机制。通过每年举办的"5·25"心理宣传月活动等,建立互帮互助的实践活动育人机制。通过多元化的心理育人实践活动实现了师生之间信息的有效沟通,促进心理育人的效果。学校通过日常观察、心育教师的心理辅导、多种有益于心理健康教育的活动开展,为学生健康成长提供全方位、零距离、开放式、个性化的心理辅导,切实为学生的身心健康和生命安全保驾护航。

三、第三条主线:坚持学生心育委员培养工作

心育委员接受了教师的专业指导后,在各自的班级里开展心理健康知识的宣传,自助的同时对同学进行心理"朋辈辅导",同时还担负着班级心理文化的营建、班级同学心理状况的记录,定期反馈等工作。学校形成了心育委员、班主任、心理辅导教师三级班级心理监护机制。为确保心育委员具有较强的心理健康教育工作能力,德育处、各年级结合实际,制定了详细的培训计划,邀请校内外心理学专家对全校所有心育委员进行了培训和辅导。通过培训,增强了心育委员的人际沟通能力、对心理问题的鉴别能力和在学生中进行朋辈辅导的能力,强化了学生自我教育、自我管理、自我服务的功能。

四、第四条主线:家校合作协同育人

这条主线上学校主要开展四类活动。

其一,针对广大家长的家庭积极心理健康教育指导工作:在线下,开展家长学校活动。学校通过对家长的问卷调查,结合家长需求,自开题至今邀请心理专家、心理医生等业内人士为家长开展家长学校,内容包括缓解考试焦虑、新

生适应、小升初心理调适、共同面对电子产品、如何正确的赞美儿童、儿童注意缺陷与多动障碍解析、建构和谐原生家庭等。在线上,学校借公众平台"心悦教育"与"家校社区"两个栏目发布学校心育工作动态,家庭心理健康教育知识,并针对某些共性问题由心理教师进行统一答复,开展以"成长型家长语录——积极语言支持学生的关键时刻"为主题推送每天六句话活动受到了家长的欢迎。

其二,开展个别化家庭教育,既针对不同问题开展不超过 20 人的家长心理沙龙活动。也有对存在暂时性发展问题的学生及家长进行心理健康教育,还可以借助网络平台预约个体心理辅导等。

其三,以亲子为参与对象的各类活动,增进亲子情感交流。如每年一次的大型亲子"心运会"。每学期一次的小型亲子游戏活动,足球亲子嘉年华、亲子诵读、亲子观影、亲子阅读、亲子厨房、亲子公益等。

其四,"心悦学堂"活动。家长志愿者们走进学校,走上以家长为讲师、组织者的"心悦学堂",给学生们带来了包括心理健康、反恐安全、环境保护、医疗保健、法制禁毒、趣味英语、航天航空、电梯安全、食品安全、关爱残疾人等许多既专业又有趣味的课程共计百余节。大大开拓了学生们眼界,也为了将来的发展埋下了职业发展的种子。

五、第五条主线:走进社区实施心育拓展

学校根据克里斯托弗·彼得森的《积极心理学》"积极人际关系"中提到的观点"有研究显示志愿者的工作往往跟较高的生活满意度和良好的健康状况相关",总结以往学生的社会实践工作经验,开展了为盲人朋友录制《五大道的故事》音频节目,走进心目影院为盲人朋友讲电影,走进社区慰问老人、帮助留守儿童、开展环保宣传、打扫社区卫生,与罕见病儿童互动游戏等公益服务活动。

平均每周都有由学校各部门带领的志愿者社会服务活动,引导学生体会帮助他人行为给他人带来的变化和给自己带来的成就感、价值感。

通过五条主线工作,提高学生综合素养和能力,塑造学生健全完善的人格,培养学生良好的心理品质,促进学生的身心发展;培养学生具有现代公民意识、民主意识、法治意识和竞争意识;具有创新精神和团结协作的观念;具有较强的社会交往能力和自我教育能力;具有健康的心理、健全的人格和强烈的进取心和责任感;使教师能拓展知识面,改善知识结构,转变教学观念,增强课程意识,提高科研能力,同时使教师能够迅速成长,建设高质量的教师队伍;与国家课程、校本课程相互整合与补充,以加强学校课程体系的综合性与多样性,推进学校课程建设,提升学校的办学水平。

教育的意义在于促进人健康和谐发展,健康和谐发展的价值在于提升人的生命价值意义和生活质量。基础教育课程改革强调学校管理的开放性,其中重要的一点就是要学生走出教室,置身社会,在生活中学习。在这一理念指导下,昆明路小学坚持五条主线工作,用丰富、充实的"心悦教育"为学生的校园生活增添亮色,为学生的未来发展助力。

第四节 "一合三建五线"是"心悦教育"的创新
▶▶▶▶

　　"心悦教育"是新形势下全面贯彻党的教育方针、实施素质教育的重要举措，是促进学生全面发展的重要途径和手段。昆明路小学将"心悦教育"融入学校教育的方方面面，构建了多样、共生、平衡、发展的多元教育生态共同体，遵循教育规律和学生成长规律，适应新形势要求，通过完善支撑体系、健全工作体制、推进队伍建设和拓展实施途径，创立了"一合三建五线"的积极心理健康教育实施模式。"一合三建五线"的本质是实施全方位育人，促进学生心悦成长、全面发展，培育学生关键能力和必备品格，最终实现师生生命的心悦成长，是"心悦教育"的创新，为"心悦教育"提供了强有力的机制保障。

一、"三个到位"完善"心悦教育"物质基础和组织支撑保障

　　学校高度重视心理健康教育工作，确保"三个到位"，不断完善"心悦教育"的物质基础和组织支撑保障体系。

　　（一）思想认识到位

　　学校把心理健康教育作为学校工作的重中之重来抓，全面分析和把握当前学生心理健康教育工作面临的新形势、新情况、新问题，强调心理健康教育工作的重要性和必要性，明确学生心理健康教育在防治心理疾病、完善心理调节、培

养良好心理品质方面的功能，倡导树立全员心理健康教育意识，号召全体教师将心理健康教育寓于专业教育之中；发动全校教职工关注学生心理健康，关心、爱护学生；要求教师秉承科学和人文精神，高度重视学生心理健康状况，积极探索心理健康教育的新途径和新方法，因时、因地、因人做好学生心理健康教育工作。

（二）组织机构建设到位

学校成立了心理健康教育委员会，由主管学生工作的校领导担任主任，校行政德育处、教导处、总务处的负责人担任副主任，办公室、宣传部门、少先队部、安全保卫部门、校医部门、各年级组、学科教研等部门的相关人员为成员；扩大充实了校长、德育校长、德育主任、专职心理健康教师、全体班主任、学生心育委员工作层次，有力加强对学校心理健康教育工作的组织领导和协调督察。

在此基础上，各年级设立了心理辅导员，各班级选配心理委员，并对心理委员进行培训。学生心理社团是培养心理委员的专门社团，成立于 2014 年 3 月，定位是培养学校四至六年级心理委员，使其成为学校心理教师得力助手，协助开展班级心理团辅活动，取得了较好的效果，也成为学校积极心理健康教育"心悦模式"中的一支学生骨干队伍。该社团几年来培养了百余名具有一定同伴互助能力的心理委员。社团由 2 位心理专职教师负责开展活动，每月 2~3 次，每次 1 小时。社团以"明亮我心，互助成长"为理念，"明"即代表昆明路小学，蕴含了启迪心灵之意，社团以提高心理委员朋辈互助能力为主要目标之一，促进部分学生带动全体学生的心理积极发展。

值得一提的是，大部分心理委员再加入阳光暖心社之初，只是班里默默无闻的学生。通过参与社团活动，他们的自信心、学习积极性也都有了非常大的提高。社团活动以心理素质拓展游戏、团体沙盘、团体绘画、拍摄心理微电影、心理剧等为主要活动,提升心理委员心理健康水平。同时,心理委员也向教师学习并模拟练习同伴互助的方法。通过不断的学习锻炼,心理委员能够协助教师带领低年级的团体心理辅导活动,及时发现班级同学中的心理状态变化。

当前,学校已经形成了由学校心理健康教育委员会、学校心理辅导员、班级心理委员组成的校、年级、班三级心理健康教育工作网络体系,以及全校统一指挥、分工协作、职责明确、层层负责、齐抓共管的"心悦教育"工作局面。

(三)资金投入到位

为推动心理健康教育工作的有效开展,学校每年投入专项经费用于心理健康教育,并建立了心理辅导室和团体辅导室,先后购置了生物反馈仪、弗洛伊德躺椅等先进的仪器和设备,从而为"心悦教育"的有效开展奠定了重要的物质基础。

二、全方位、多途径地开展学生心理健康教育工作

学校积极探索心理健康教育的新方式、新方法,全方位、多途径地开展学生心理健康教育工作。学校通过开展丰富多彩的活动,发挥学校文化感染、暗示、同化、激励与心理调适等多种功能,影响学生的情绪、情感、行为规范与生活方式,营造出文明健康的校园文化氛围,为学生创造了良好的心理文化和校园环境。学校团体辅导的主题日趋丰富,开展了"人际关系交往""自我激励""爱与承诺"等团体辅导与素质拓展活动,达到了开发学生潜能、改善学生现有认知模式、促进学生成长的目的。

哲学家艾尔雷德·诺思·怀特海德说过,"学生应该在适合的时间,在他们达到恰当的心理发展阶段时,学习不同的学科,采用不同的学习方式。"适合学生的教育,一定是适合生命规律、发展规律的教育,包括适合学生的心理发展

特点。学校注重通过讲座、计算机网络、报纸、橱窗、板报等媒体,向学生广泛宣传普及心理健康、危机预防和干预知识,提升了学生自觉维护心理健康、预防心理危机的意识,提升了心理健康水平,以学生们喜闻乐见的方式宣传健康教育知识。

三、"心悦教育"多维建设的创新实践成果

(一)意识形态建设——心悦教育指明灯

党的领导是做好一切教育工作的根本保障,将党的全面领导贯穿办学治校、教书育人的全过程,保证教师队伍思想纯洁,才能保证教育的根本方向绝对正确,从而提高教育事业的现代化水平。为此,学校重视意识形态建设。

加强教师队伍的政治理论学习,关注教师意识形态,营造正确舆论导向。加强法制学习和宣传,强化干部担当作为的责任意识,推进依法治校。加强党员队伍建设,实行"人才战略工程",牢固树立"四个意识",坚定"四个自信"做到"四个服从",落实全面从严治党,坚持把党的政治建设摆在首位。完善学校的党建工作制度,抓好党支部建设,争创"五好党支部"。强化党支部政治功能,充分发挥党支部战斗堡垒作用,加强制度建设,实施层级管理,落实追责问责。发挥学校志愿者作用,党员教师要走近学生、走入社区开展义务奉献活动。党支部深入开展谈心谈话活动,解决教师思想和工作上的困难,成为党员、群众的主心骨。全面推进从严治党主体责任,抓实支部建设,促进学校各项工作顺利进行。加强理论中心组及党员政治理论的学习和指导,确保党的路线方针政策和决策部署得到贯彻和落实。抓好青年教师的思政工作,建青年党校。党支部担负起教育党员、管理党员、监督党员和组织群众、宣传群众、凝聚群众、服务群众的职责,落实各部门制度管理,体现规范化、科学化、人性化,使其产生激励导向

作用。发挥学校党支部堡垒和党员先锋模范作用,落实党建主体责任。

(二)教师队伍建设——心悦教育引路人

加强师德师风建设建立师德档案,开展师德培训;开展学生家长问卷,强化监督机制;开展"强师德、铸师魂,做人民满意的好教师"系列活动;签署师德承诺,公布承诺内容,接受学校、学生、家长的监督。加大对骨干教师和青年教师的培养力度,选送青年教师、骨干教师参加各类培训、比赛,提高教师的教育教学能力使他们逐步形成自己的教育风格。根据《新时代中小学教师行为十项准则》要求,完善师德管理办法,严格考核制度,规范教师行为,提升教师素养。

(三)"心悦"文化建设——心悦教育奠基石

每一种文化都是抽象的概念,需要通过具体的要素来使其真实可感。要使"心悦"两个字变得具体化,塑造"心悦教育"的学校氛围,需要找到切实可行的载体,建立多彩多姿的校园。昆明路小学以特有的文化符号和文化介质,承载"心悦"文化的内涵,提升其在整个学校的影响力,构建文明有序、积极向上的校园氛围。如校训、教育名言、教师誓词、学生誓词,无一不是对"心悦教育"文化的体现和追求。

1.校训:尊师、守纪、勤学、爱校。校风:和谐、向上、求实、创新。教风:敬业、博学、善教、求真。学风:刻苦、乐学、善思、务实。

2.教育名言:让爱心守护梦想,责任引领梦想,智慧点亮梦想,愉悦放飞梦想,为学生幸福人生奠基。

3.教师誓词:我是一名人民教师,面对国旗我庄严宣誓:忠诚党的教育事业,贯彻党的教育方针,履行教师神圣职责,争做学生锤炼品格的引路人、学习知识的引路人、创新思维的引路人、奉献祖国的引路人。

4.学生誓词:我是昆明路小学的一名学生,面对国旗我光荣宣誓:模范遵守《小学生守则》,争做诚实守信,尊老爱幼,团结同学,珍爱生命,勤奋学习,言行致美、学思蕴乐、体魄强健、追逐梦想的优秀学子!

5.学校宣言:最美校园,在我和平。西据成都,东临重庆。望鸣岐里,接子香居。连通五路,独得幽静。书声琅琅,绿草盈盈。听说读写,伴我同行。最美师生,在我昆明。校园植竹百竿,晨昏郁郁。围栏布翠千种,俯仰婷婷。虚心韧体,赞竹风神骨貌。益友良师,如竹散朗疏清。因文化之厚重而设紫墙,为儿童之天真而调轻盈。宇厦高耸,内列殿堂以求智。名师聚集,成就学子之聆听。敬业真诚,吾师态度皆关爱。踏实乐学,我辈铭记总关情。爱心教育,责任教学。智慧奠基,愉悦引领。传统名校,在我和平。心悦教育,大美昆明。

6.校歌:《幸福校园》。

7.教育文化主题：心悦文化。培养师生的积极心理品质，使师生获得身心愉悦体验，形成适应未来社会需要的生存发展能力的学校文化。

8.学校发展目标：建成校园环境优美、教学设施精良、管理机制现代、文化气息浓郁、教师素质良好、育人质量上乘、学生全面发展、社会信任度高的品质学校。

9.学生培养目标：让每一个学生具有生存能力，以更好地适应未来社会；让每一个学生具有充分实现自我价值的能力，成为未来社会的有用之才；让每一个学生具有创造美好生活的能力，在未来社会过一种幸福生活。

10.教师专业发展目标：专业精湛，素质全面，人格完满，终身发展。

（四）优质课建设——心悦教育领航船

明确课程目标，是一切行动的纲领。制定课程总目标、阶段目标与课时目标，将其融合体现到学校课程体系中的所有课程资源中，便于教师们操作运用。制定学科课程实施纲要，以名师工作室为依托，以"心悦课堂"为主题进行学科课程展示。

以专业的项目制学习为引擎，制定学生个性化学习订单。精准实施以核心素养培育为中心，提升课堂教学品质的行动框架。

基于大数据下进行对教师精心课程建设综合评价。以订单式培训为方式，基于大数据下进行教师课程建设的评价。提升教师课程理解力、提高课程执行力、提速课程反思力、提效课程开发力、课程创新力和课程前瞻力。

融合 STEAM 理念，进行项目制学习。创新课程组织形式，应用灵活多样、新鲜活跃的学习方式，让学生在课程中充分实践、沉浸、对话、互动、参与、体验，让学生动起来，让课程活起来，让学生成为课程的亲历者和创造者。进行项目学习的课程设计，进行课程统整。教师对学科课程进行再开发，在内容的组织、资源的投放、经历的设计、评价的落实中融入学科核心素养的要求。

加强网络课程的研发,组建团队,研发数学、语文、劳技等课程。以学科关键知识为核心,以国家课程内容为主体,进行学科课程的学科内以及跨学科的特色化拓展与延伸。重点打造数学学科课程群、心理健康课程群。以实际生活情境为主题,从多学科、多角度出发,采取多种实践探究活动,聚焦问题解决,实现知识的整合与应用。

成功模式经验的总结推广。学校总结提炼形成了通过以积极课程培养为心悦模式的主要渠道,形成校本化的积极心理健康教育向日葵课程,从中提炼出适合学生的积极心理健康教育模式——"心悦模式",在将本模式与兄弟学校交流研讨的过程中,不断改进潜在的不足,提升课程建设完善度。

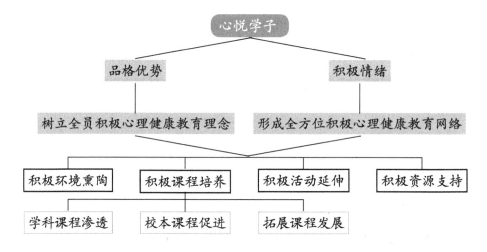

"心悦模式"框架图

1."心悦模式"的核心理念:悦纳自己、悦纳他人、协同发展,度过蓬勃发展有意义的美好人生。具体指学生了解自己具备的品格优势,能够以发展的眼光看待自己与他人,对他人具有同理心,在积极的人际关系中成长,成为具有社会责任感的合格接班人,度过蓬勃发展且有意义的美好人生。

2."心悦模式"的目标:提升学生对生活与学习的热情;增强心理免疫力,预防和缓解:心理问题;发展品格优势,成为全面发展的人,过蓬勃发展有意义的美好人生。

3."心悦模式"的培养方法:注重自身认知,通过体验增加学生感受性,凸显学生主体性,促进情绪与认知协调统一。

4."心悦模式"的基本要素:体验与培养积极情绪,发现与发展品格优势。

5."心悦模式"的构建:针对学生心理特点结合课题组所在学校现状,构建心悦模式首先要树立全员开展积极心理健康教育的理念,围绕学生的生活与学习形成全方位的积极心理健康教育的网络。

积极心理健康教育需要全员参与,通过全方位、全过程的教育与渗透才能够达到目标。学校成立积极心理健康教育领导小组,校长为组长,专兼职心理教师为核心,班主任为骨干,全体教师为实施者,学生心理委员为延伸,校外专家为助力,树立"人人都是积极心理健康教育工作者"的理念,建立班级心理健康教育为中心的校内网络。

通过家长学校、校园网站、公众号平台、家长开放日、家庭心理健康教育指导与辅导等多种渠道来提升家长的积极心理健康教育意识,帮助家庭形成和谐向上的氛围,为孩子提供积极发展的动力。

学校还通过与学区片内各个小区,警务、消防、医疗等部门,文化体育场馆的长期共建合作,为学生的成长提供安全温暖积极的社区环境。使家庭与社区成为积极心理健康教育的校外网络。校内校外网络互联,全方位促进学生心理积极发展。

6."心悦模式"的培养体系:积极心理健康教育作为一项系统工程,需要从多方面、多层次渠道开展，以满足学生的心理发展需求。

（1）积极环境熏陶。积极环境分为物理环境和心理环境。物理环境中，学校环境要干净整洁，功能分区与装修符合儿童心理特点，让学生置身其中感到轻松愉悦，通过校园大屏幕、宣传栏、板报、展示窗等积极宣传与品格优势和积极情绪相关的元素，让学生随处能感受积极的心理影响。鼓励学生在家庭中与家人共同劳动，美化家庭环境。带领和鼓励学生积极参加志愿服务，美化社区环境，开展如垃圾分类、食品安全、消防与交通安全等诸多宣传活动。

学校注重与学生有关的人际关系的健康发展，使学生在稳定且积极的心理环境中发展自我。开设"心悦讲堂"，聘请心理专家、教育专家对全体教师开展积极心理健康教育培训。派遣骨干教师外出参加积极心理学相关各项培训与交流活动。指导并鼓励教师在教育教学过程中运用积极语言。为广大教师搭建开展积极心理健康教育分享交流、互相学习的平台。促进了教师对学生心理发展特点的了解，提升积极心理健康教育能力。在家校关系方面，根据家长需求的调研结果聘请相关专家开设讲座。在同伴关系方面，开展防欺凌教育，善良教育，以有趣而丰富的团队活动促进学生积极发展人际关系。

（2）积极课程培养学生。学校开展积极学科课程渗透工作。

首先，让学校成为一个积极组织。关心教师的心理、身体与生活状况，为教师的发展和心理健康水平的提高创造条件、提供保证。这是教师以积极心态投入到课堂中的必要条件。在教学设计中注重增加积极心理健康教育元素，在授课中注重使用积极语言，在学生小组合作学习中注重团队建设，合理分工，尊重学生个性差异。

其次，校本课程促进。在原有校本课程基础上进行了创新与系统化，形成了向日葵课程。该课程包含五类课。

第一类课：积极情绪课。课题组以积极心理学为理论依据，结合课题组主要成员比较擅长的绘画技术，将自 2014 年以来的授课效果良好，受到学生欢迎的心理健康活动课进行优化，同时借鉴《清华积极教育课程汇编》中的课程，反复试讲与研究，最终形成了适合本校学情的积极情绪课。该课程注重体验，针对芭芭拉·弗雷德里克森提出的积极情绪的十种形式进行体会与培养：感受宁静，提高大脑机能的冥想课程"沉静训练"；提升积极情绪感受的"美好生活记事本"；提升情绪体验能力的"品味美好"；让学生探索自我内心世界的"我手画我心"；感受宁静、体会心流促进内心整合的"悦心曼陀罗"；让学生宣泄情感，体会心灵自由的"趣味涂鸦"，共同体验喜悦、锻炼合作能力的"团体绘画"；通过有趣的名字变精灵绘画活动，培养创造力和想象力，激发积极情绪的"心悦小精灵"；建立同伴信任感，体验彼此信任带来的力量与快乐的"信任之旅"；改善对焦虑的认知，缓解考试焦虑的"焦虑背后的秘密"。

第二类课：品格优势课。这是令学生发现和发展自身品格优势的课。"品格优势我知道"，结合清华大学心理系对积极心理学中的品格优势的引入与阐述，引导学生了解品格优势与六大美德；"解读幸福密码"，使学生从自己的角度理解品格优势；"我的优势树"，通过讲述自己的故事，发现自身品格优势；"家族优势树"和"他人优势集"，发现他人的品格优势，包括同伴、家人、老师以及古今中外杰出人物、时代楷模和影视作品中人物的品格优势；"品格优势清单"通过思考讨论形成令品格优势得以进一步发展的具体行动方案；"品格优势打卡"依据清单开展每日打卡活动，鼓励学生在学习与生活中发展品格优势。

第三类课：生涯发展课。该课以家长为主要引领者，可请家长进入课堂，也可把学生带到实际工作场所中去。充分运用家长资源，采取各种形式让学生了解各行各业的发展情况，作为学校教育的补充，开阔眼界，在心中埋下职业发展的种子。比如"心悦学堂"活动,邀请从事各行各业的家长来做讲师,向学生介绍自己的职业特点、社会贡献,为学生提供职业体验的机会。本课程在每学期都要开足 50 余节,涉及航空航天、环境保护、粮食安全、历史文化等多方面。

第四类课:游戏拓展课。该课主要由班主任实施,心理教师提供帮助。课题组从心理中心开展过的团体心理游戏活动中精选出十六个实施效果较好,易于操作的团体游戏编辑成《团体心理游戏手册》,对班主任进行专业培训,利用班校会课的时间,带领学生集体开展活动。

第五类课:绘本创作课。以学校图书馆丰富馆藏为依托,开展绘本创作课。该课包含两种创作方式。一是品读绘本,感受主人公内心思想与情绪,或抒发自己的阅读感受,对绘本进行延续创作。二是鼓励学生将自己对感知外界与内心活动以绘本的形式表达出来,并进行自主创作。学校将学生的作品有的汇集成册,有的制作成视频,供其他学生分享。

再次,拓展课程发展。从社团拓展课和个体定制课两个方面进行。

社团拓展活动旨在培养学生的兴趣爱好、充实课余生活;个体定制课则着重关注学生的差异化,对部分有心理问题的学生开展有针对性的教育。此外,学校还注重积极活动的延伸和积极资源,该活动对拓展课程的发展起到支持作用。

7."心悦模式"的评价方式:运用量表对品格优势发展情况、生活满意度、积极消极情绪、主观幸福感、自尊自信、希望乐观、坚韧等进行评价;形成性评价:自我评价、小组内评价、教师评价、家长评价、活动进行中评价等。

8."心悦模式"的相关成果:课题组通过研究实践编辑了校本读物包括《积极品质口袋书》《团体心理游戏手册》《曼陀罗绘画册》《春燕新泥》等。

（五）信息化建设——心悦教育加速器

发挥网络窗口的作用，借助网络平台对学校环境人文建设、特色文化进行宣传。做好多媒体设备的使用和研究工作。包括：基于新配置的多媒体电教设备加强对教师合理使用的培训工作，确保多媒体在课堂教学的使用效率。以此开展课题研究，让信息技术更好地服务于课堂教学。

完善学校资源库的建设，打造以学校文化为体系的资源库。包括：加强平台账号的创建和管理工作，并以平台为依托开展资源上传、作品分享、网络教研等各类活动。以学校课程资源库建设为基础，着力进行云动课程平台的开发。将学校的文化建设、特色活动建设数字化、系统化，保证相关资料具有传承性。筹划构建录播教室，以多机位方式实现课堂教师与学生活动全程记录；研究与校园原有网络系统的兼容性，致力实现网络视频广播功能。

加强信息技术团队建设。包括：根据青年教师技术特点做好如视频录制、图像采集、素材加工等分工，更好地服务于学校的教育教学及各项活动。建设信息技术工作室，定期组织组内教研，为课题研究、技术分享等活动提供固定场所。

提升教师信息技术的使用效果。包括：将个人终端设备辅助教学的理念、技术、方法向教师进行普及与培训，打造示范课、精品课，使学校教学活动更好的与"互联网＋"模式契合。以青年教师为突破口，以校优课、公开课等活动为契机，向全校教师进行理念与技能的铺开辐射。

健全信息技术办公平台的建设与使用。包括：进一步实现党务、安全、学籍、财务、资产、网络、德育等方面平台的资源共享，切实有效提高行政办公效率，将各项工作通过电子网络办公有机整合，形成富有学校文化特色的高效工作系统。依据需要合理添置信息技术设备和增加网络带宽。

加强信息技术、科技尖子生培养。包括：充分利用素质拓展课，并合理借助校外资源开展学生信息科技能力素养培训，组织学生参加全国、天津市、和平区各类信息科技类活动，推广学生文化建设成果，突显学校信息技术优势。培养信息技术工作后备力量。包括：以学校人事结构为基础，增加信息技术专职教师。明确信息技术工作分工，发挥传帮带作用，使学校信息工作永远走在前端，保持活力。

教育是吸引而不是灌输。昆明路小学在正确教育观的引领下，不断探索，不懈追求，全力创新，努力促成教与学的有机融合，找寻"心悦教育"的原动力。学校积极构建"心悦教育"创新模式，搭建"心课堂、心防控、心网络、心活动"等平台，充分发挥学生的主体性，增强学生的自我教育能力，挖掘学生的潜力，大力支持社团活动，开展各种生动活泼、寓教于乐的心理健康教育活动。学校积极探索，创新工作方法，整合和利用已有的资源和优势，建立实用、有效的心理健康教育机制，从而最终实现"心悦教育"促进学生健康成长、成才的目的。

第七章 ▶▶▶▶ "心悦教育" 的校本读物创编

　　直抵心灵的教育方案，是突破教育教学瓶颈的重要抓手。本着一切为了学生的原则，学校对国家课程进行校本化改造，根据学生的心理发展水平和认知规律，对教材进行了科学的二度开发，汇编成"心悦教育"校本读物。"心悦教育"校本读物是建立在学校长期的教育教学实践基础上的。在"心悦教育"理念的指导下，校本读物以学校自编教材为主，从心理品质的培育入手，通过积极人格的培养塑造、团体游戏的美德启发、益智游戏的素质拓展和感化心灵的优质美育，构建起具有学校特色的心理健康教育课程体系。

第一节　明理导行——《积极品质口袋书》

▶▶▶▶

　　新课程改革对课程生活化和创建富有个性的学校文化提出了更高要求。开发具有"心悦教育"特色的校本读物，是落实新课程改革要求的有效办法，是提升学校办学品位的战略方案，是促进学生养成良好品德的关键举措。"心悦教育"校本读物通过科学的方式对学生进行心理健康教育，有利于推动学生形成健康良好的心理素质，培育其乐观向上、自主好学的心理品质，充分挖掘学生的潜能，帮助其苗壮成长，形成可持续发展的长久竞争力。

　　制作简易、携带方便的口袋书，体型小但分量重。图文并茂的版式设计与简练易懂的语言风格，适合学龄儿童迅速识记和理解。昆明路小学以培养学生积极心理品质为重要价值取向，创新实施"学生积极心理品质培养工程"，通过设计编写《积极品质口袋书》，强化心理健康教育实效。

一、《积极品质口袋书》的编写背景

　　小学阶段是儿童真正步入学校，开始学习知识和自我成长的关键时期。小学生对世界充满了好奇心，但是由于其心理发展不成熟，容易受到外界环境的影响，严重的可能会使其丧失学习的兴趣，出现导致厌学、悲观等心理问题。

　　2002 年 2 月，教育部颁布的《中小学心理健康教育指导纲要》中提出心理健康教育的总目标：提高全体学生的心理素质，充分开发他们的潜能，培养学生乐观向上的心理品质，促进学生的健全发展。

目前，学校的心理健康教育工作主要是通过心理健康教育课和心理辅导工作开展，试图达到"重全体、重预防、重教育"的目的。然而事实上，由于资源的有限性和不均衡性，许多学校的心理健康教育课把重点放在心理学知识的传授上，忽视了对心理活动的体验；心理辅导工作聚焦于个别学生的心理问题矫正，忽视了对全体学生良好心理品质的培养。

针对传统心理健康教育的弊端，学校对长期以来学生在心理教育方面出现的问题进行了总结和反思，把关注的重点从个别学生的心理问题矫正转移到培养全体学生积极心理品质上来，真正实现以预防为主，激发学生的潜能。通过探索式的日常教育挖掘学生自身的勇气、乐观、希望、快乐等积极心理品质，从而预防心理疾病的产生。《积极品质口袋书》在这样一种理念的转换中，应运而生。

二、小小口袋书，大教育智慧

用最浅显易懂的方式讲述道理，是教育区别于其他信息获取方式的最大魅力。《积极品质口袋书》把"心悦教育"的思想融入学生心理健康教育中，通过简单直观的方式，把良好的道德品质用图画和文字的形式呈现出来，遵循了学生的认知规律和认知能力。

（一）问题引领带入情境，自我审视参与其中

《积极品质口袋书》将人类拥有幸福生活的六大美德进行个性化解读。"智慧与知识""勇气""仁爱""正义""节制"以及"精神卓越"这六大美德不仅包含了若干积极品质，也能够通过教育成为学生们长久发展的优势。这些优势能帮助学生拥有活泼开朗的性格、乐观向上的心态，更能激发他们个性潜能中最深处的竞争力，从而使他们获取适应当下、面向未来、开创幸福的最佳力量。

每一版面中的关键词解读下方都有"优势探索"一栏内容,学生们可以通过自我检测和自我审视判断自己的优势与相应的美好心理品质。这不仅能够帮助学生们对自己有更深刻地认知,也能使他们明确未来要努力的方向,极大地契合了新课程改革中对个性化教育的要求。

(二)趣味故事创意阐述,童心解读提升领悟

《积极品质口袋书》还通过设计"心悦故事"和"童心解读"两个板块增强趣味性与互动性。小学生面对难以理解的问题时,常常需要通过一些浅显易懂的小故事来辅助。"心悦故事"板块将一些脍炙人口的名人故事、寓言故事与美好品质的德育道理相结合,对良好的心理品质进行创意阐释,帮助小学生更好地理解。"童心解读"更是尊重了学生的主体性和表达欲,有利于激发学生进一步学习良好心理品质的动力。

"幸福应该包括积极的情绪、投入、积极的人际关系、意义和成就这五个方面"。从幸福的意义来说,学生幸福感的体验不仅是一种主观上的感受,同时也以客观的事实为基础。《积极品质口袋书》以学生获得主观幸福感为目标,帮助其进行积极的心理情绪体验。通过简单有趣的学习,培养积极的心理品质,使其获得学习的幸福感和成就感。

在教材编写的过程中,教师们将学校心理教育的现有特点以及学生心理健康的突出问题作为课程开发的重点资源,有针对性地使用符合教学目标的素材,充分把握学生心理健康教育的关键需求,从而使教材的内容贴近生活,契合课堂内外的需要。

积极的心理学下的心理教育渗透在学校教育的各个环节当中,这是一种全人教育模式。《积极品质口袋书》有利于提高学生心理健康教育的针对性和实效性,让他们积极主动地关注自己的心理发展,成为自己的主人,在学生的心田种下快乐幸福的种子,努力营造爱的教育与学生快乐成长的氛围。

第二节　我爱团辅——《团体心理游戏手册》

▶▶▶▶

　　世界卫生组织曾明确指出："学校是促进学生心理健康极适宜的场所。"随着人们对心理健康重视程度的不断提高，具有广泛意义的"游戏辅导"越来越成为心理健康教育发展的新趋势。团体心理拓展游戏活动作为一种体验式学习方式，能够协助个体认识真实自我、发掘"自我潜能、寻找自我优势"，这与"心悦教育"的理念有着共通之处。

一、《团体心理游戏手册》的编写背景

　　团体心理拓展游戏，是指以班级为单位，遵循学生的生理、心理发展规律，结合学生的学习、生活实际状态，运用心理辅导的理念和技术，借助团体动力，促使学生完善人格、提高能力、开发潜质、促进心理成长的一种游戏活动。团体为学生提供现实生活的缩影，使学生能够在团体中获得较多的学习和生活经验，并在安全、信任的气氛中去尝试学习或改变行为，是对学生不自觉的一种潜能开发，一种意志磨炼，一种品质教育。这有利于培养学生良好的适应能力，培养学生健康的心态，预防心理疾病，促进其健康成长。

　　开展团体心理拓展游戏，紧跟时代步伐，创新了教育理念，是培养学生良好的心理素质，促进学生身心全面和谐发展和素质全面提高的教育活动，是素质

教育的重要组成部分。团体心理拓展游戏符合学生成长发展规律,因此更容易使学生接受,并乐于参与,甚至乐此不疲。通过开展看起来简单有趣却蕴含着大道理、大智慧的游戏,学生在不知不觉当中受到了智慧启发,得到了能力提高,体验到完成目标的喜悦感和成就感。这种成功的体验,是学生以积极的态度面对事物和困难的基础,使得学生的思维不断拓展。

二、"心悦教育"视角下的《团体心理游戏手册》

《团体心理游戏手册》是昆明路小学教师们结合几年的实践工作,将适合于学生的团体游戏总结出来,整理成册,旨在让学生学会放松、澄清价值观、体验团队合作、感受爱与被爱、学习有效沟通、感受合作与竞争带来的压力与快乐、提升意志力、学会感恩等。

在该手册中,每一项活动都有一个指向教育目的的活动目标,详细的活动准备与活动过程说明帮助学生和教师在实施游戏的过程做到有章可循。而温馨提示的设置则是让游戏活动的难点和重点一目了然。

在游戏的过程中,辅导教师应当科学使用手册,以民主、开放的心态,尊重理解学生,切实做到关注学生的心灵感受,接纳学生的不同观点,与学生平等交流。另外,教师要加强理论与实践学习,在游戏中做一个引导者,在游戏过程中善于应变,抓住节点,及时拓展,总结要能画龙点睛,要不动神色地引导学生感悟体会,总结升华,游戏结束后要让学生真正恍然大悟。

《团体心理游戏手册》充分遵循了学生乐于探索、热爱游戏的心理特点,通过生动活泼的团体游戏,寓教于乐,让学生们在团体游戏中提升综合素养,提高学习能力,养成良好的心理品质。在"心悦教育"的指导下,《团体心理游戏手册》也将不断更新,与时俱进。

为了走进学生的心灵,倾听学生的心声,学校依据《团体心理游戏手册》,定期开展心理团辅活动,提高学生关注自我,关注他人心理健康的意识,排解学生学习生活压力,帮助学生树立乐观向上的生活态度。

三、疫情期间"心悦教育"团辅活动的实行

疫情期间,在"从容悦心"训练营团辅活动中,教师带领学生们开展了一系列有助于稳定情绪、提高大脑机能、愉悦身心的心理训练,这些活动将趣味性与放松性、愉悦性结合,极大地愉悦了师生的身心,改善了疫情期间学生们的焦虑或不安情绪。

在开学第一课,由心理教师借助校园网络直播平台,带领学生开展了训练营的第一日活动——"蝴蝶拥抱",这一活动有效能稳定学生情绪,降低精神压力,提升心理复原力,让积极地情感反复充盈内心并不断增强,同时提高左右脑协调,促进学生心理健康。国家卫健委提到:面对压力可以采用一些积极的应对措施,来保持稳定的状态。维持日常的生活和稳定的心理状态有助于减轻压力,比如稳定的居所、定时吃饭、按时休息。稳定的心理状态还可以通过深呼吸放松、音乐放松、冥想等训练来实现。当觉得有压力,感到焦虑,或者常常注意力不集中的时候,可以通过拜访内心重获身心的力量,重获安宁与快乐。拜访内心有很多种方式,正念冥想就是其中一种,哈佛大学的研究表明,通过八周的正念冥想训练,对参与者的大脑进行扫描,发现他们负责控制情绪、保持专注力、对他人有同理心的脑区功能都得了显著增强。正念冥想适合不同年龄的人,对于稳定血压改善睡眠同样具有良好的作用。再通过探访心湖、正念呼吸训练等不同的团辅活动,学生逐步拥有了好的心态,逐渐掌握了良好的复学节奏。

学校精准把握了学生的心理状态,在《团体心理游戏手册》的指引下,促进了学生在团体健康活动中悦享成长,同时把握阶段特点、灵活调整活动内容,因时而动,探索创新,为"心悦教育"的实施效果提供了学生心理状态上的保障。

第三节 心与智慧——《曼陀罗绘画册》

▶▶▶▶

最近几年,绘画已经成为艺术治疗的一种方式方法,正受到越来越多人的青睐。绘画治疗因为具有简便、易于操作的特点,被广泛用于各类场合、各类人群。尤其对于小学心理健康教育来说,绘画是一种操作容易、效果优良的心理疏导方式。在"心悦教育"理念的指导下,学校根据绘画在心理教育中的重要作用,编制了《曼陀罗绘画册》。

一、曼陀罗绘画的心理效用

(一)帮助学生表达和宣泄情绪

曼陀罗绘画是一种艺术性的表达,在绘画过程中,投射内心想法和感受,学生在给曼陀罗轮廓涂色时,可以借此表达自己的情绪。依着自己的内心感受,拿起不同颜色的画笔,自由涂色。笔尖在纸上涂抹的时刻,内心的焦虑紧张感受会随着笔尖自由流淌出来。当学生心情烦闷焦虑时,笔尖涂抹颜色时,下笔急促,涂的颜色线条会比较凌乱。而当学生心情比较平和时,下笔徐缓,颜色线条会显得细腻顺畅,线条呈现一定的规律性。不管学生涂色的美观程度如何,当学生完成涂色后,心情会有一种舒畅感,有些情绪可以得到有效释放。学生通过曼陀罗绘画可以快速表达潜意识中压抑的情绪,从画面的着色搭配和线条的规整程度可以从中发现需要做心理辅导的学生。

（二）帮助学生静心和提高专注力

学生有时比较浮躁，心绪不定。当邀请学生给曼陀罗涂色，并伴有轻柔的曼陀罗音乐时，学生在音乐声中，慢慢与曼陀罗绘画在一起，心绪得到安定，心也慢慢静下来。曼陀罗绘画可以提供学生静心的通道，帮助学生凝心聚神，心神专注于一笔一画中，长此以往，学生的专注力也会有所提升。

（三）引导学生学习活在当下

当学生进行曼陀罗绘画时，心流专注于此时此刻，心神专注于画笔时，学生能感受到当下的力量，此刻没有过去的烦恼，也没有未来的期待。当学生触摸到此刻的美好，会更愿意活在当下，专心做此时此刻的事。

（四）辅助学生建立规则感和整合自我

曼陀罗绘画包括规则对称的图形，对于内心有冲突的学生，暗示学生涂色时注意规则和对称性，规则对称的图形可以给学生稳定感和安全感。在涂有规则和对称的图形时，学生内心的冲突和意识的混乱得到调和和梳理。多次练习曼陀罗绘画，学生可以更好地进行自我整合，找回统一感和稳定感，从而显露出真实的自己。

（五）指引学生探索自己的生命潜能

从初阶给曼陀罗轮廓着色，再到学生自主画出属于自己内心的曼陀罗图案。在这过程中，学生探索真实的内心，用曼陀罗图案表达出来，从隐形到显性，学生会更加贴近本真的自己，明晰自己真正的内心渴望，了解自己生命的潜能。当内心世界经由曼陀罗图案呈现时，学生会更了解自己，这是一个探索内心的过程，也是遇到真实的自己的过程。

二、自编《曼陀罗绘画册》的重要意义

编制《曼陀罗绘画册》的目的是让学生习惯安静的氛围,提高注意力,使学生变得平和宽容,内心安宁;通过线条的表达和色块的涂鸦,让学生获得活力和喜悦,提升学生的情绪调节能力、观察力和创造力;绘画的过程也是审美过程,因此有利于学生提高颜色认知,图形认知和审美能力,培养学生对自然万物的博爱和敬畏;通过手、眼、脑、心的联动配合,有利于提高学生手部肌肉的灵活性和手眼协调能力。

曼陀罗的修习非一日之功,学生应把它当作一个享受的过程来做,每天创作心灵的作品,每天与自己内心对话,从中消解意识深处的矛盾,超越对立冲突,改变就在每天的自我觉察与领悟之间悄然发生,而且是必然性的。

彩绘曼陀罗的练习在学生的左右脑间建立了一座桥梁,持续地、有意识地对右脑的信息进行提取,让受伤的学生得以痊愈,使储存的智慧如同光一样穿过心灵尘埃的蒙蔽,为生活提供更深邃、客观、全面的洞见和行为指导。这样一种持久的心灵对话方式,是心灵的训练,也是人生的修行,将激发人的无限潜能。学习自编《曼陀罗绘画册》正是这样一种授人以渔的心理治疗方式,通过曼陀罗绘画,使得学生得以观察、理解自己的内心,宣泄积压的情绪和压力,让自己心境平和或者突破自我。

学校心理健康教育中运用曼陀罗绘画不但可以丰富课堂形式,发挥学生的自主能动性,以艺术的表达方法,自我成长,自我疗愈,最终自我实现。这与昆明路小学"心悦教育"激发学生潜能的宗旨相呼应,体现了心灵教育的内核。

第四节 绘出心声——《春燕新泥》

▶▶▶▶

清华大学心理学教授彭凯平指出："核心素养的本质是积极心理"。心理健康教育课程内容设计理应融入心理核心素养。心理健康教育的重点不在于解决"心理问题"，更重要的任务是面向全体学生的发展进行心理辅导。绘画分析是了解绘画者内心世界的一种最简单、最直接的方法，可以读出绘画者的性格、气质、情绪状态、兴趣爱好、认知水平、心理变化、人格特点、人际交往能力以及当时的情绪特征等。学校要利用好绘画这一工具，直接打开绘画者的内心世界。心理辅导教师更要学会倾听这种"语言"。

《春燕新泥》绘本册汇编了学生们的优秀绘画，展现出了学生的心理状态，通过举办绘画活动，来对学生进行心理健康辅导。学生们在参与的过程中，感受到了创作的乐趣，在自己的创意世界中无限遨游，用画笔绘出创意无限、心理味道浓郁的绘本册。

一、绘画与心理健康

绘画通过线条、色调和丰富的想象力影响人的心情。绘画不但反映画画者的内心，还表现了他们的经验，它是学生交流的手段和表达事物及其情感经历的过程。通过这种方式探索、发现和解决问题，最终目的是解决问题。绘本画面富有感召力,故事生动有趣又蕴含深意,是学校开展心理情感教育有效的结合体,为学生解决发展过程中出现的问题提供了不可或缺的资源和素材。

学生们的绘画作品,反映了他们对世界的认知以及他们脑海里的所思所想,是学校走进他们内心世界的一扇门。绘画作品就是一种特殊的语言,具有内在的思维方式和表现形式。让学生通过绘画的创作过程,利用非语言工具,将混乱的内心世界、不解的心理感受导入清晰,呈现有趣的状态,可将学生们内心深处压抑的感情与冲突展现出来,并在绘画的过程中得到疏解与发泄。心理辅导教师利用学生们绘画作品来诊断,进一步完成治疗。

二、心理学对曼陀罗画册的解读

曼陀罗,是指具有神圣意味,结构严整并且以方圆相结合的图形。而曼陀罗绘画是指通过各种工具制造这些图形的过程。在具有母体子宫般保护作用的大圆里,人们可以自由探索,积蓄力量,直面阴影,整合异质,在自己独有特质的指引下,突破重围,超越限定,领悟人生。

在心理学中,心理分析学派创始人荣格因对人性的理解不同于弗洛伊德,遂与之分裂。荣格在相当长的时间内处于艰难的心灵迷失期,他自发通过绘画曼陀罗进行自我疗愈并获得成功。荣格认为,曼陀罗是心灵核心即自性原型的象征。

绘画者的任何一个涂鸦、画面的大小、用笔的颜色搭配、用笔的轻重、空间的安排、所画内容等都有特定的意义,都是在给外界传达着他的内在信息。由此可见,通过绘画分析是可以了解一个人的内心世界的。另外,绘画分析是一种轻松愉悦的方式方法,也能够让人们容易接受。利用心理分析这些特点,为学生心理健康教育进行分析治疗,是学生喜闻乐见的心理辅导的实用技术。

三、《春燕新泥》绘本册的教育意义

《春燕新泥》绘本册以一切为了学生的原则，从心理学的角度关注学生的内心世界。丰富多彩的图画是学生最本真情感的反映，更是其心中理想世界的绘画表达。

学校通过开展绘画活动，让学生以日常生活为创作背景，以自身的感受和体验为立足点进行绘本创作。每份作品既可以是一幅画面，也可以由多幅画面组成，表达的内容主题为我的自画像、学校的家、学校的学校、我的同学、我的好朋友、我的心情、学校的未来、我的所见所闻等。他们通过画面、内容、位置、人物等传达家庭、学校、社会的情况，从而实现表达他们的思想、情感、经验和愿望的目的。

绘本册的编写充分考虑了学生在心灵教育中的主体性，能够遵循学生的表达欲，释放他们的天性。通过一幅幅蓝天白云的绘写，绿草如茵的刻画，温暖课堂的再现，学生们的世界观展现在世人的面前，而教师也能够通过体察学生们绘画内容的细微变化，感知他们的心理特征和存在的心理问题，从而在心灵教育中做到有的放矢。

绘本凭借绚丽的色彩，优美的画面，神奇的想象，简洁的文字，带给学生快乐的同时，也把精神财富带给了他们。《春燕新泥》绘本册贴近生活，往往会让学生在不知不觉中明事理、学做人、长知识。不但让学生变得快乐、懂得思考，更带给他们人生的启迪，建造起自由的精神空间与心灵家园。

学校通过开展各类心育绘本阅读活动，如自制绘本、绘画绘本故事、改编绘本故事、续编绘本故事、表演绘本故事等延伸活动，促进学生人际交往能力的发展。学生在与绘本进行心灵对话中，开阔眼界，丰富内心，升华境界，健全人格。

第八章 "心悦教育" 激励师生悦动发展

▶ ▶ ▶ ▶

　　教育从根本意义上来说，就是培养学生追求幸福、感受幸福、创造幸福的能力。而要达此目的，教育过程本身也应该是幸福的。学校坚持落实立德树人根本任务，深入推进素质教育，进行了一系列卓有成效的教育教学改革，高屋建瓴地构建了"心悦教育"理论体系，顺应学生发展需求，培育全面发展的"心悦"学子。学校通过"心悦教育"实践探索，致力推进师生精神成长，让教育成为师生幸福生活的历程，使教师找到"家"的归属感和事业发展的幸福感；使学生因尊重天性而放射光辉，因张扬个性而绽放异彩。

第一节 学校发展的核心是师生发展

▶▶▶▶

　　面对教育优质均衡发展和教育公平的时代呼唤,如何勇立潮头,再立新功? 面对"办人民满意学校"的殷切期望,如何秉持教育本源,完善学校办学核心价值体系? 昆明路小学坚持"心悦教育"的办学特色,树立"素质全面、特长明显、人格健全"为特质的教育方向,形成师生成长的文化生态环境,促使师生舒展自我、张扬良好个性,帮助具有不同层次水平、认知方式、兴趣态度、生活经验的师生个体"心悦"成长。

　　学校是孩子们实现人生梦想、体验成长快乐、绽放生命光彩的沃土。"心悦教育"基于以人为本的科学发展观,肯定教师的主导地位,真心实意地尊重教师、依靠教师、关心教师、支持教师、帮助教师、鼓励教师,创造条件使教师积极主动、快乐、幸福地工作和生活;肯定学生的主体地位,真正尊重学生、了解学生、关爱学生、启发学生、引导学生、帮助学生、鼓励学生,使每一名学生的潜能充分发挥,特长充分展现,实现个性的全面和谐发展。

　　学校发展的核心是师生发展。"心悦教育"让每一名学生充分享受到充满生机的教育,让每一个孩子带着梦想飞得更高更远。"心悦教育"主张人人都有平等的受教育权,要求教育者关注每一个学生的发展。尊重教育个体的差异,让学生都享有五彩斑斓的人生。教育不是在于训练,而是感染、熏陶、陶冶、引领和疏导的结果。培植有生命迹象的校园，创办有生命情怀的教育，尊重教育规律和生命成长规律，构建系统完善的"心悦教育"体系，让学生的生命之树根植于坚实的大地，向着阳光、向着未来，舒枝展叶，茁壮成长。

《中共中央国务院关于进一步加强和改进未成年人思想道德建设的若干意见》中明确指出要加强心理健康教育，培养学生良好的心理品质。学校作为培养学生的主阵地、主渠道、主课堂，在解决未成年人思想道德问题上，要充分发挥教育科研在未成年人思想道德建设的引领和指导作用，要把未成年人的心理健康教育作为做好思想道德建设的突破口。

学校自 2012 年便开始系统地开展心理健康教育活动，经过多年的实践探索，学校深刻地体会到：心理健康教育与德智体美劳五育共同承担着全面提高学生素质的重任。没有心理健康教育，教育的整体功能就不能得到充分发挥，就不可能达到全面提高学生的综合素质的目的，心理健康教育对教育工作起着不可替代的促动作用。因此，学校在全方位开展心理健康教育的过程中，形成了"心悦教育"的特色，不仅注重提高学生的心理品质，也注重提升他们的思想道德品质，促进了学生全面、健康和谐的发展。

学校为全面推进素质教育实施方案，以努力培养人格自尊、自强自立的合格人才为指导思想，以成功教育理论为指导，以服务每个学生为目标，既注重学生"成才"，更注重学生"做人"，将心理健康教育作为学校教育的重要内容，将"成人与成才，齐头并进"作为学校的育人目标。历年来，学德育工作目标、措施中都将心理健康教育作为不可分割和舍弃的重要部分，努力将心理健康教育工作渗透到常规工作、团队工作和学校重大活动中去。每学期初，学校对心理健康教育工作做出具体部署；学期结束时安排教师就心理健康教育工作进行交流总结。平时的健康教育工作则给予了人力、物力、时间上的保证，做到切实抓好细节的落实。

一、以学生为主体，以活动为载体，拓展心理教育的空间

多年来，学校以"唤起学生自信、张扬学生个性、培养学生健全的人格"为总体思路，提出了"智育以德育为先，德育以心育为本"的育人思路，通过心理健康辅导课、个别辅导、心理健康网络、班主任培训四个方位共同架设心育平台，探索心育体系新模式。

学校心理健康辅导中心通过多年的摸索和探究，提出"助、引、拉、推、培"心理健康教育"五字决"。"助"，即帮助学生认识自我，调控情绪，适应环境；"引"，即引导学生形成健全人格和乐观积极的人生观；"拉"，即拉住学生滑向心灵的泥沼；"退"，即推动心理健康教育科研的发展"培"，即培养一批深入学生群体的心理委员。学校心理健康教育工作正在逐步走向科学、规范，形成了以心理健康教育服务中心为主导，以专兼职心理教师为主力，以各种形式的心理健康活动为载体，以发展性教育为主、辅导和矫正为辅的多元立体的心理健康教育网络。

（一）开设心理健康教育课，确保活动常态化

开设心理健康课是学校进行心理健康教育的专门渠道，心理健康教育领导小组根据各年级学生的年龄特点、心理特征制定了完整的心理健康教学计划，由专兼职心理教师下班授课。每学期定期开出心理辅导公开课，并进行心理辅导课的研讨活动，对心理辅导课的效果进行评价，提出改进措施。在心理课堂师生交流互动中，教师应准确把握共情技术的内涵和要领，在合适的情境下恰当、合理地应用共情技术，设身处地地理解学生，使学生感受到自己被尊重、被理解、被接纳。

（二）重视学科渗透，促进心智双全

新学期伊始，学校将心理健康教育计划纳入学校整体工作计划，要求教师在备课时有意识设计心理教育的目标。在课堂过程中，教师发挥教育机制，抓住时机，进行心理教育。学校充分利用教案评比、青年教师展示课，骨干教师公开课等契机深化将心理健康教育融入学科教学的思想。倡导发掘学生在课堂中的情感、态度和价值观，应该说这让教师的授课方式具有很大的转变，也更突出了心理情感教育的重要性。每学期要求心理健康教师至少上一节心理健康辅导活动课，同时要求教师在平时的教学活动中，注重学生情感方面的目标是否达成，以突出学生情感认知的变化，让教师以良好的师德和精神风貌影响学生心理，塑造健康人格。

此外，为了更好发挥科任教师的育人作用，学校实施"导生制"，即将各班的问题学生分配给各科任教师，由他们配合班主任，做好心理疏导，改善其不良心态，培养健全的人格和良好的行为习惯，在期末填写心理辅导表，总结工作情况。

（三）加强班主任辅导，提高全员心理健康意识

班主任是学校心理健康教育的主力军，主要通过两种形式进行教育。一是面向全班的团体辅导，主要利用班会课进行，具体内容和时间由班主任根据班级的实际情况安排，侧重点是让学生有一种"心临其境"的体验和感悟。二是面向个体的个案辅导。一方面，依据建立学生心理档案，将需要关注的学生的具体情况反馈给班主任，班主任要及时对学生进行跟踪观察，必要时要进行心理干预；另一方面，学生在学习生活中出现的心理偏差要及时地进行矫正。

每个学期，学校都会为班主任开设专题讲座以提高班主任的理论知识。同时，提供机会和舞台让班主任充分交流和展示他们在工作中总结的经验教训。

学校开设的讲座包括：重视对学生学习方法的指导，培养学生良好的习惯，人际交往效应与师生沟通等。学校各部门要相互配合，每学期有计划、有组织的开展丰富多彩的健康教育活动，以帮助学生树立科学的健康观。结合年级学生特点及工作重点，利用班会时间进行心理健康教育。

（四）开展个案辅导，预防疏导并重

学校心理健康辅导中心本着"尊重、信任、沟通、理解"的服务宗旨，坚持"倾听、保密、关注"的原则，每天定时开放，通过面询、信件辅导、电话辅导和网络辅导等方式，真诚与学生交流，帮学生解开心灵困惑，专兼职心理教师间定期召开典型个案研讨会，一起为学生的心理健康保驾护航。

（五）规范心理辅导室，为学生提供良好的服务

为了帮助心理有困扰的学生能阳光活泼、健康快乐地成长，学校按照心理辅导室专业要求、学生需求和学校实际，设置办公室、个别辅导室、团体辅导室等功能室。现设有个体辅导室 1 个，团体辅导室 2 个，使用面积达到配备标准。心理辅导室内基础设施比较齐全、内部环境舒适、温馨、安静。心理辅导室由学校分管业务教学的副校长亲自包靠，配备了 1 名心理健康教师专门负责，保证了辅导室的正常开放和高效使用，能够做到每周开放接待不少于 8 小时，为学生细致服务，得到孩子们的一致喜爱与认可。

（六）认真填写分析辅导记录，为教育教学提供有效服务

辅导是达到学校心理教育整体目标的重要途径。学校不仅延续了以前的传统，心理专职教师和兼职教师在心理辅导室接待来访学生的辅导或预约，帮助解决学生在学习生活中遇到的各种心理问题或困惑。对于少数有心理困扰和心理障碍的学生，给予各种形式及时必要的辅导，做好详细记录，并且严格遵守职业道德保护学生隐私。

自实践以来，学校不仅实实在在帮助学生解决了问题，还能有效利用资料为学校教育教学服务，而且好的口碑也在同学中传播，使得更多学生了解到这样一个可以倾诉的场所。绝大部分学生感觉情绪得到了宣泄，获得了考虑问题的新角度、新选择，或是感觉问题得到了根本的解决。

（七）建立学生心理健康档案，做好学生的心理跟踪调查

首先，学生每次主动找教师辅导后都必须填写"学生心理辅导登记卡"，内容包括自身基本情况、辅导问题、对辅导结果的评价、对辅导工作的意见。这卡片将作为"学生心理健康档案"的补充。其次，教师在学生辅导后要对部分心理问题严重的学生做辅导记录，包括辅导学生的详细心理问题、解决过程、解决方式、解决对策。

二、建立心理健康教育网络，加强阳光心理宣传，营造良好校园氛围

建立心理健康教育网络，要从点、线、面加强心理教育重要性的宣传，为学生的阳光心理塑造保驾护航。

（一）着力于点，要培育出众多拥有良好心理状态，并了解专业心理疏导的带头个人

每班培训一名心智健全的心育委员，做好同伴疏导；同时做好教师的心理健康调适，丰富教师业余文化生活，以工会、支部活动的形式组织教师进行各种比赛、青年教师才艺大比拼、联谊活动等，大大丰富了教师的业余生活，使教师紧张的情绪得以调节，拥有积极的心理状态才能感染学生不被负面情绪侵蚀。并组织教师开展科学研究。积极开展心理健康教育科研活动，提升教师的心理教育专业度。

（二）着力于线，要塑造强有力的心理健康科普宣传战线

充分利用广播站、网络、宣传栏、校刊校报等阵地，多渠道向师生进行宣传。通过广播站"心灵驿站"栏目每周定期向学生播放心理健康知识，校园网上及时公布学校心理健康教育的相关信息。开展心理手抄报征集展评、心理健康电影赏析、专题橱窗、黑板报评比等活动，从心理学角度创新德育教育，普及心理健康科学常识，帮助学生掌握基本的心理保健知识，培养良好的心理素质。

（三）着力于面，不仅要塑造校园心育环境建设，还要区域内形成良好的心育教育环境

学校发挥示范引领作用，将心育模式推广至家庭与社区，形成良好的社会效益。

三、重视家校配合，做好家庭教育指导

除了在校教育之外，学校还注重利用家长会对家长进行宣传、引导相关资讯，让家长理解、支持并配合学校开展学生心理健康教育。在家校的积极配合下，共同对学生实施心理健康教育。采取多种途径帮助家长纠正在家庭教育观念和教育方式方面的误区，逐步提高家长的教育水平，使学生的健康人格在学校、家庭、社会构成的"三位一体"成长环境中健康成长。

一是定期对家长举办心理健康教育讲座，每学年为家长举办 1—2 次心理健康教育讲座或宣传活动；二是定期为家长推送有关家庭教育的资料供家长学习阅读；三是充分利用班级圈、微信群等信息技术手段，加强家校联系，了解学生的真实表现和家长的要求；三是通过家长委员会、家访等多种途径，了解学生的心理状况，协助家长或监护人共同解决孩子在成长过程中的心理问题。学校还充分利用校外教育资源开展心理健康教育，同时利用学校心理健康教育资源

服务社区,发挥学校心理健康教育的辐射作用。四是增加了"心理专家校园行"和"心理教师每日家长接待"等特色活动,提升家长的心育能力。

四、实施课题牵动,努力探索心理健康教育新模式

学校成立了心理健康教育教研组,定期开展各项研讨活动,给教师搭建交流的平台。坚持每月开展一次心理健康教学研讨活动,并积极组织教师参加市区教研活动,及时传达新信息,学习新经验,保证课堂教学。开设专门的心理健康教育课程,并列入课程表,课时可在地方课程或学校课程中安排,一般每班每两周一课时。心理健康教育课应以活动为主,体系完整,有各年级教学计划、教学大纲、教案与课件等。每月至少一次年级以上的教研活动,每学期至少有两次年级或校级的公开课或观摩课。

同时学校十分注重课题研究,提高心育质量,有三项心理健康教育研究方面的课题相继结题。教师每学期都要写一篇心理论文或案例,有数十篇论文在省、市级刊物上发表或获奖。近几年,学校邀请了心理健康教育主管领导和专业教师为全体师生做各种类型的专题讲座。

学校重视发挥"一课一箱一卡一报一袋"的功能,关注学生的发展需求,初步形成学生心理健康教育模式。

注重学科渗透和文化建设,各学科教师坚持以人为本,在学科教学中渗透心理健康教育,学校组织相关的公开课、教研活动或提供学科渗透心理健康教育的优秀案例,供教师学习交流。

校园文化建设注重人文关怀和心理疏导,创设符合心理健康教育要求的物质环境、人际环境和心理环境,每学期都要通过心理健康教育月,学生心理社团,宣传栏、校园广播、电视、网络等校园媒介开展形式多样的心理健康教育活动,营造良好的心理健康教育氛围。学校图书室、阅览室有专门的心理类图书资料,供全校师生查阅。校园内有专门宣传心理健康教育的长廊,一句句温馨的话语、一幅幅温馨的画面,那是一种无声的教育。

学校网站有心理健康教育专栏,定期对学生及家长进行心理健康知识普及。同时结合校园文化艺术节,让学生在生动有趣的活动中,体会到生活和学习的乐趣,健全自己的人格,拥有阳光的心态,全面健康的成长。

学校也在积极做好心理辅导。心理辅导室定期对学生开放,每周不少于10小时,主要针对有需要的学生进行个别或团体辅导。心理辅导室值班记录、辅导过程记录完整并及时归档,有相应的分析、对策与辅导效果评价。心理辅导要在学生知情自愿的基础上进行,保证辅导质量,依法保护学生隐私,谨慎使用心理测试量表或其他测试手段。对个别有严重心理疾病的学生,能够及时识别、转介到相关心理诊治部门并记录在案。

心理健康教育不仅拓宽了传统德育的范围,而且由于心理健康教育主要以预防、疏导为主,在尊重、信任和理解的基础上,与学生平等地沟通、交流,为学生创造了自由的心灵空间。

师生之间、生生之间,大家能够一同讨论共同关心的问题,让学生了解自己的心理,了解他人的心理,从而改善人际关系,增加社会适应性,促进人格成长。

只有学生的心理变得和谐平衡,学生的和谐发展才能够得以实现;只有广大青少年学生的心理变得健康平和,和睦融洽的校园环境才能形成,才能有社会的和谐发展。学校注重提高教师心理素质,开展课题研究以及丰富多彩的心理调节活动;广泛开展心理辅导活动,全方位实施心理健康教育等方面进行了积极有效的探索。

五、深化心理健康教育，彰显学校特色品牌

为了促进学校心理健康教育工作扎实有效开展，积极推进心理健康教育再上新台阶，学校着力于以下工作的开展：

（一）深化心理健康教育培训

通过培训提高专、兼职心理健康教育教师的基本理论，专业知识和操作技能水平。定期聘请心理健康教育专家来校做报告，增强心理健康教育的责任意识，建立全体教师共同参与的心理健康教育的工作的机制。

（二）强化心理健康教育与家庭教育结合

家庭教育是学校教育的一个不可忽视的部分。但在家庭教育中，一些家长单纯地重视孩子的生活需求而忽视了心理健康教育。学校通过家长学校对家长进行教育培训，通过学校建立的微信公众号及校报开设家长心理健康教育专栏。通过举办专题讲座，开展亲子活动等提高家长教子的能力。

（三）创设良好的校园心理环境

学校注重校容校貌的建设，使学校环境实现绿化、美化、净化。继续健全、完善心理辅导室，使学生时刻享受健康的熏陶，学校环境谐和、真诚、奋进，孕育一种健康向上的心理教育氛围。

经过不断地探索与实践，以师生发展为本的心理健康教育工作收到良好的效果，师生们不仅心情舒畅地在学校中工作、学习，同时也使多方面的人际关系，特别是师生关系更加和谐，和谐校园正凸现出巨大的教育能量。教师的热情度在逐步提高，教师的心态更加平和，教师的幸福感逐渐增强，教师队伍整体素质得到提高，促进教育教学质量的提高。学生获得主动、活泼、健全的发展，他们在收获知识的甘霖时也获得了面对未知未来的强大动力，涌现出一批批优秀的昆小学子。

在昆明路小学,学生能找到属于自己的舞台,师生演绎着生命的精彩,感受着成长的欢欣。学校在文化育人、制度育人、活动育人的基础上,坚持以学生发展为本,以教师发展为重,贴近师生生活,为师生营造安全、温暖、快乐的学习环境。学校以"心悦教育"特色发展为突破口,搭建实现多元发展的实践探索平台,让师生在学习工作中体验成功快乐,让师生充分感受教育的幸福,促进师生乐观自信,积极主动地进行多元探索、多元发展,从而使学校成为"悦享童心,德润人心,文化天下"的精神家园。

第二节 学生"悦"其成长
▶▶▶▶

教育需要有温度,有温度的教育必定是充满激情的教育、是涵养丰厚的教育、是愉悦舒适的教育,既能让学生掌握基本知识技能,又能陶冶学生情操,实现以人为本的教育理念。昆明路小学"心悦教育"是学生实现人生梦想、体验成功快乐、绽放生命光彩的沃土。蓬勃的生命状态和高水平的生命质量,引导学生认识自己、发展自己,演绎着生命的精彩,感受着成长的欢欣,学生"悦"其成长,促进学生实现精彩人生。

学生是学校教育的核心,一切工作的开展都是围绕学生的成长、成才而开展的。为了培养更多的成功学生,学校注重发现学生身上的闪光点,进行德智体美劳全方位的教育部署,促进学生点滴进步,引导学生做更好的自己。

学校以核心价值观教育为载体,助推学生形成正确三观,结合"双创"活动,将教育融于活动中,利用广播、班校会时间指导学生学习、理解。通过板报、宣传牌、广播站、校园网、电子屏等进行全方位多角度的宣传,营造良好氛围,使社会主义核心价值观入耳入脑入心。开展"日行一善""小手拉大手,全家讲文明"等活动,帮助学生形成正确的世界观、人生观、价值观,并落实在学生的一言一行中。

一、走出"悦享成功，悦享教育"的发展之路

核心素养是学生生命成长之"纲"，纲举才能目张；它也是学生生命发展之本，本立才能道生。提高学生的核心素养，要采取符合教育规律和使学生易于接受的方法，为此，学校在继承与创新"心悦教育"过程中，力求将育人方略与激发学生兴趣对接，走出使学生"悦享成长、悦享教育"的发展之路。

（一）实践探索一：激发共情，以内涵育人

通过寻找育人内容行为共性，提炼内涵，如礼貌解读为：尊重他人，约束自己，可具象到学生各种礼貌行为的教育，并加强对于学生进步的激励，使得学生在正向行为实施后受到夸赞，从而产生发自内心的喜悦之情，为持续维持礼貌提供情感动力；注重层次解读。如感恩从"饮水思源"到"受施图报"，是从情感认知到付诸实践的递进教育过程。通过深入解读与研究，育人内容与学生发展核心素养十八个基本要点的关系，明确其广泛对应与高度契合。

（二）实践探索二：育人有道，以细节设计

将育人目标落实到每一个细化品质上，通过礼貌、诚实、感恩、爱心、责任塑造高尚品德和服务精神，坚定理想信念，修为个人品行；随着学生心智的发展，重在培养健康身心，做自尊、自强、乐群之人；保持独立思考善学、尚新成出色能力。

（三）实践探索三：系统规范，按框架育人

依据学生成长规律，主题育人活动按照理念认识、情感升华、自我反思、行为实践框架实施。以感恩主题为例，在"美好生活记事本"这一活动中，学生们通过观察并记录生活中的美好细节，让学生体验到"平凡的生活中有许多的幸福"从而提高主观幸福感，并通过记录美好事件发生的原因，对身边人或物产生

感恩的情绪。学校依照系统的心理健康教育活动，使得学生在有趣的活动里进步，最终达到"悦享教育"的目标。

（四）实践探索四：四方联动，创活动育人

在四位一体育人模式里，学校是核心、家庭是基础、社会为延伸、学生为主体，将四者有机结合实现育人最佳效果。学校为学生成长创设优质环境，包括完善的育人活动设计、完备的育人活动设施，独特的校园文化。家长学校的建立，定期开展亲子沟通系列讲座、组织"点亮心灯"家长论坛、家长亲历"心运会"，利用多种途径搭建家校沟通桥梁；充分利用社会教育的延伸作用，邀请知名专家学者走进"育人大讲堂"，为学生发展核心素养打开新的天地。学生自我教育是主体，在活动中学生展现自我、发展自我、管理自我。这些活动有教育目的而不死板，有实践意义而不枯燥，让学生在四方共创的良好氛围中充分发挥积极能动性，实现"自育"与"他育"的有机结合。

（五）实践探索五：评价有道，为育人总结

"心悦教育"体现过程性、写实性和激励性的原则，将综合素质评价校本化。在学校育人实践中，学生们的微笑有礼、谦让合宜已成为一张靓丽的名片；家长在育人活动中鼎力参与、频频点赞；社会资源高效配合提供宽广平台，为素养而育，走出了自己的发展之路；而学生和家长在育人过程中的参与度、积极情绪、主动性，就是对"心悦"教育育人效果的最好评价。

二、实现学生自主管理、自我提升

"心悦教育"的最终目标是启发自觉，即实现学生自主管理、自我提升。运用"外显—内化—外化"的教育方法，实质上就是外部引导内化为学生自觉的过程，注重良好习惯的养成教育，以增强学生自我提升内驱力。

启发式的宗旨在于激励学生的兴趣和探索精神,调动学生学习的主动性和积极性,培养学生主体精神、参与意识、独立思想和创造才能。启发思考的关键是设计好教师的提问与师生交谈的问题,使其简明、具体、有启发性,并能引起学生的学习兴趣。

兴趣是推动学生进行学习的内部动力,是影响学生学习自觉性和积极性的直接因素。教学中教师要通过灵活多样的教学方法、形象直观的教学手段、生动而丰富的教学语言,充分调动学生眼、耳、口、手、脑等感觉或思维器官,强化学生的参与意识,使学生的心理活动处于主动、活跃的状态,进而有效地达到教育目的。

一是提高学生活动的参与度

学校通过艺术节、朗诵比赛、运动会等活动鼓励学生展现自我、全面发展;鼓励学生加入社区志愿者队伍,维护社区环境、向社区群众进行法制宣传,在志愿活动中感知责任、体会奉献精神。

二是在行动中锻炼品格,展开社会实践和参观活动

学校多次组织学生参与社会实践,如去养老院慰问老人,鼓励学生在家做力所能及的家务事,如帮助老人包饺子、擦窗户、扫地等。同时大力开展法律知识与校园安全讲座,增强学生的法律意识和自我保护意识。这些教育活动在学生心中播下"守规则、重责任、知感恩"的种子,将求知求学、砥砺德行、发展个性作为学生自我实现的内在需要,并在实际行动中落实,让良好习惯像树苗一样苗壮生长,使学生终身受益。

学校积极探索学科教学与信息技术深度融合,创新网络学习空间应用,常态化开展专递课堂和创客教育,打造智慧课堂,初步形成了基于互联网环境下的任务驱动智慧课堂教学模式,让所有学生享受高效课堂教学,帮助他们开蒙启智。

学校定期组织教师进行信息技术培训。一是培训教师熟练掌握通用教学软件,在此基础上用好常用的学科软件;二是提高计算机的操作技能,把计算机作为备课、上课和组织学生的工具;三是对电教设备使用培训,让教师了解设备的性能、用途与使用方法,以便在教学中更好地应用。

教师从思想上更新教学理念,转变观念,通过理论学习讲座、亲身实践体验认识到信息技术与学科课堂教学深度融合改变了教师教的方式和学生学的方式,激发学生的兴趣,有利于学生对知识的掌握,从而增强教师运用信息技术开展与课堂教学融合的研究和实践的信心。学校鼓励教师开展专题研究,着重探讨融合的方式、方法,探索出一条科学高效的教学途径。

不仅如此,学校坚定落实"健康第一"的理念,保证学生每天1小时体育锻炼时间,帮助学生掌握运动技能,在培养学生浓厚的运动兴趣和习惯的同时强健体魄。与此同时,学校高度重视美育工作,围绕"以美育人,以文化人"的目标,扎实开展艺术教育,积极传承中华优秀传统文化,把社会主义核心价值观融入教学活动,培根铸魂。丰富多彩的艺术活动让学生在实践中发现美、感受美。上好劳动课,通过组织学生校内卫生清扫和校外劳动实践,培养学生爱劳动的好习惯。

教育是尊重,反对歧视、注重合作,让每一个学生都有平等的机会;教育是成长,聚焦素养,关注能力,让每一个生命都富有勃勃生机;教育是成全,呵护本真、肯定成长,让每一分努力都绽放光芒。

学生"悦"成长,才能激发起内心深处对美好生活的追求和向往,才能转化成取之不竭的动力。这是教育的温度所在,也是学校的目标所向。学校把促进学生健康快乐成长作为学校一切工作的出发点和落脚点,大力实施有效德育,深入推进高效教学,不断强化艺体教育,积极开展多彩活动,把素质教育落到实处,为每一个学生的成长保驾护航。

第三节 教师"悦"其事业

▶▶▶▶

高素质的师资队伍是高质量的保证。培养一流的人才,需要高素质的教师,因此培养勇于探索、大胆创新、治学严谨、科研水平强、业务能力强的研究型、学者型教师,是学校工作中的重中之重,更是培养全面发展的人的关键,形成教师有名课、学科有名法、学校有名师的教师发展格局。教师发展是教师人生价值实现的过程,是教师在充分认识教育意义的基础上,不断提升精神追求,增强职业道德,掌握教育规律,拓展学科知识,强化专业技能和提高教育教学水平的过程。新的课程理念、新的教材、新的课程评价观,强烈冲击着现有的教师教育体系,对教育工作者提出了新的更高的要求。

昆明路小学聚焦教师的培养与专业发展,采取一系列措施打造师德风尚、业务精湛、团队优秀的队伍,推动教育改革,促进学校发展,教师"悦"其事业。如今,昆明路小学拥有一支团结、奋进,富有改革进取精神的领导班子,拥有一支爱岗、敬业,具有良好的师德和创新精神,能实施素质教育的教师队伍。学校党支部多次被评为和平区优秀党支部、达标党支部,有力地推动了学校各项工作可持续发展。

一、厚植爱国传统，激发党建活力

学校对"心悦教育"的追求不仅体现在办学思想和教师队伍建设中，更表现在对政治思想的建设上，在关注师生素质提升的同时，还非常重视他们政治品格的培养。通过不断加强思想建设，学校将一粒粒红色基因的种子植入师生血脉，为实现高质量发展提供了强大动力。

（一）开展学习教育活动，提高党员教师素质

昆明路小学按照上级统一部署，先后开展了党的群众路线教育实践活动，"三严三实"专题教育，"两学一做"学习教育，"不忘初心、牢记使命"主题教育等活动。在开展各项学习教育活动中，学校坚决不走过场，扎实推进，注重实效。在党员教育活动中，学校充分发挥"三会一课"的重要作用，组织全体党员正面学、找差距、定措施。正面学，即组织全体党员干部观看专题片《榜样》，组织学习张黎明、李保国、黄大年等人物的先进事迹；在学期初和学期末安排时间，组织先进事迹报告会，用身边的人进行现实的教育。找差距，就是在民主生活会和组织生活会中，通过批评与自我批评，找每个人在学习和工作中存在的问题。定措施，就是针对自己存在的问题，制定整改措施。通过一系列的学习教育活动，党员教师素质得到全面提高，一支党性强、奉献精神强、师德高尚的党员队伍逐步形成。

（二）着力创建书香校园，建设学习型党组织

昆明路小学把建设学习型党组织作为党建工作的重要载体，鼓励党员读书学习，营造浓厚的书香氛围。一是抓紧党员干部政治理论和业务理论学习，坚持党员干部每两周至少集中学习一次的制度。二是抓好党员读书活动，学校相关部门规定全体党员要带头参与学校的读书活动，规定每位党员每学期要读一

本好书,写一篇心得体会。三是抓好党员报告,开展拟读书书目、检查读书笔记、表彰优秀读书文章等活动,有力推进了学习型党组织的建设和书香校园建设。

(三)发挥党员带头作用,形成党建大格局

为了充分发挥党员的先进性和先锋模范作用,更好地履行党员的职责,做合格党员,学校在全体党员中开展"一帮一"帮扶困难群众、党员示范岗等活动。"一帮一"活动,即每位党员要帮教好一名学困生、帮带好一名青年教师;党员示范岗活动,即每名共产党员要做好一项课题研究、上好一堂示范课,为其他教师尤其是为青年教师做好示范。活动中,党员实现了"做师德表率、业务能手、社会楷模"的奋斗目标,他们身体力行"教学育人、管理育人、服务育人",以自己的实际行动践行了"一个党员就是一面旗帜"的诺言,树立起新时期共产党员的威信和为人师表的良好形象,进一步夯实了党建工作。

二、加强教师品德修炼与内涵提升

学校运用师德讲座、师德大讨论的方法,提高教师对师德的认识;运用师德标兵的现身说法,使教师学有榜样;运用师德公约的形式提高教师执行师德规范的自觉性;运用教师"四好"的要求,规范教师的言行。"四好"的标准,即在学校做辛勤耕耘的好园丁、在社会做遵纪守法的好公民、在家庭做尊老爱幼的好成员、在街道做睦邻友善的好邻居。学校有3人被评为天津市劳动模范,有20余人被评为市级优秀教师和先进个人,有近百人被评为区校级骨干教师。

学校形成了尊师爱生的良好风气,培养起人与人之间友爱的情感,教师关心爱护学生,受到学生的爱戴,家长的信赖。家长给教师送的锦旗上写着"崇高品德事业心,不是母亲胜母亲",就是极好的写照。

三、提升专业素养，打造过硬队伍

学校全面贯彻国家教育方针和有关法律法规，认真落实《中小学心理健康教育指导纲要》，将心理健康教育纳入学校整体发展规划和年度工作计划，学校专门成立了心理健康教育领导小组，全体教职工共同参与的心理健康教育工作机制，分工负责，各司其职。每学年至少召开一次专题工作会议。心理辅导教师都具有良好的心理素质和健全的人格，具有扎实的心理学和教育学专业基础，具备较为熟练的专业技能，均参加过区级以上学生心理健康教育教师专业培训，为我校心理健康教育工作提供了有力的师资保障。

引导教师加强对教学理论的学习和研究，提高教师用先进的教学理论指导教学的自觉性。每学期开学初，学校组织教师制定自己的科研课题，每学期末都组织全体教师进行论文交流，对优秀论文予以奖励。学校承担的两项国家级科研课题《素质教育的理论与实践》《整体构建学校德育教育体系》全部顺利结题，有近20人的论文获全国奖级。学校形成了以科研促教学，以科研推进素质教育的良好局面。学校还坚持两级教研，以促进教师整体水平的提高。

校级教研由各学科主任负责，隔周一次，开学初下达教研计划，在教研中，组织学习教学理论，学习各年级教材的编写意图、年级要求，使教师从宏观上把握小学阶段各年级要求，加强了年级之间的横向沟通和衔接。年级组教研由年级组长和教研组长负责，主任参加，每周一次，做到定计划、定人员、定时间、定主讲人，以说课的形式，按该校制定的说课标准（说教材、说教法、说学法指导、说课上练习、说板书、说课后作业）大家互相补充、取长补短，每学期期末，年级组教研记录纳入教师的业务档案。由于坚持了人人参与教研，集中集体的智慧，缩小了教师教学水平的差距，促进了教师总体水平的提高。

四、点燃梦想，关注教师个性发展

幸福的教师往往把教育当成事业，不断地超越自我、发展自我，从而体验和守护职业幸福感。因此对教师来说，全面塑造和不断提升自身素质，追求个性发展是提升积极心理品质的必由之路。

（一）尊重教师主体，因材施教，让其自由呼吸，张扬个性

根据每个教师不同的能力，安排不同的岗位。确定不同的目标，使集体的目标与个人要求相一致，个人潜力才能得以充分发挥。如有些教师基于个人素质方面的原因，不适合开公开课，他们就不能拿到各级优质课、创新课，但他善于钻研，善于总结，善于课堂创新，那么他们可以走科研之路，把自己的探索和经验写成论文，以各种论文的形式展现自我。

以语文为例，有的教师善于朗诵、有的善于板书、有的擅长古诗文，那就鼓励他走自己的特色之路，在课改中创出具有自己特色的一片天地，把个人的发展与学校的发展合而为一，让每一个人都体验成功的快乐。

（二）关注教师的职业发展历程，对处于不同教师给予不同的帮助引导

费斯勒的"教师生涯循环论"指出，教师处于引导阶段和生涯挫折阶段时较易产生职业倦怠。"引导阶段"就是刚参教的教师，他们身份的变化、角色的变化与责任的变化，容易产生无所适从的感觉。此时，要对他们提供必要的援助、培训、辅导，比如给他们留出足够的备课和观摩时间，实行导师制等；"生涯挫折阶段"则是在教师职业生涯的中期，大约是工作 15 年左右，他们或者产生教学上的挫折感，或者工作满足程度下降，在教学上常表现出物理感和倦怠感。此时，学校既要组织他们多参加学习、研讨，加强教师之间的交流，开阔教师视野，提高起科研意识，又要激发教师重新追求专业发展的热情，另外还要从生活各

方面多关心他们,从而消除职业倦怠。

此外,为了激发教师的个性潜能,增进教师的积极体验,为教师积极心理品质发展提供更肥沃的土壤,学校不只限于通过课程改革让教师向复合型人才转变,培养其创新思维,激发教育机制;通过课堂教与学方式的变革,关注教师专业知识的获取、专业技能的锻造,持续提升教师的专业影响力;加大人事管理改革力度,扩大教师互派交流,建立多元评价制度等措施,让教师走向更广阔的舞台,享受创造、进步、成长的快乐,并获得更多的认可与尊重,感受自身价值的伟大和人生的意义。这种自我实现被马斯洛称为人的"高峰体验",被"心悦教育"称为"心流体验",即获得最大的充实感和幸福感,促使教师积极认同自己所从事的职业,放飞教育理想,点燃教育激情,敲开教师职业的幸福大门。

学校组织多元教育科研培训,成立学校科研团队,提升教师教学科研能力。结合课题的启动和申报工作,开展各级各类科研活动,促进教师积极主动参与科研。构建科研激励机制,积极开展科研月活动,给教师们提供交流和展示的空间,有奖、有评,营造浓厚的科研学术氛围。各种教育教学活动蕴含着丰富的心理教育因素,必须充分挖掘和利用这些因素,把心理辅导有机地渗透在各科教学和各项教育活动之中。配合研究课题,对个案学生进行深入的跟踪调查分析,总结经验方法,把心理问题课题化,结合省市县教育教学课题,在理论上得到升华。建立科研工作交流平台,通过学习交流活动,快速提升教师们教育教学科研能力和水平。指导教师们积极申报科研课题,通过集中研讨和分组交流等形式,积极做好课题的启动、落实和研讨工作。通过调查、研究、实践、做课、交流、反思等活动,积极开展科研课题的中期推动工作,及时指导、总结、反思、表彰。

五、筑牢根基，强化师德师风建设

在重大历史交汇期，教育也步入新时代，面对纷繁复杂的新形势，更有必要强化对教师的师德师风要求，引导教师以德立身、以德立学、以德施教、以德育心，激发教师内在成长的动力。学校始终把师德放在教师培训、考核和评优的首位来考虑，有包含班主任和科任教师等的各层面德育培训计划；学校成立了各级师德演讲团，从讲"我身边的榜样"到夸"我为集体自豪"，从"感动昆小教师"评选到"教工创新集体"推出，积极发掘学校内的师德模范典型人物，充分发挥同伴互助的作用，让教师们深信人性内在求真、向善、尚美的种子是存在的，力量是强大的；学校还通过"请进来"的方式，邀请道德模范、各行各业的杰出代表人物来校演讲、座谈，让教师切身感受模范人物的风采。学校对师德建设的重视使学校深深认识到，只有注重精神生命成长、品格高尚的教师，才会不断提升自己的人生境界，助推学生的成长与发展。

学校始终坚持把建设一支立足本岗，献身教育的党员队伍作为党建工作的重心，把全心全意为人民服务，教书育人提高质量作为党员履行职责的根本，要求党员努力做到"五带头"，即带头学习提高、带头争创佳绩、带头服务群众、带头遵纪守法、带头弘扬正气。学校无论有什么急、难、险、重的任务，都是党员冲在最前面。下雪天，党员带头扫雪；做大扫除时，党员带头抢累活、脏活干。党员就是学校的一面旗，在教师中起到模范带头作用，受到教师好评。学校组织党员教师开展"我服务我快乐"志愿奉献活动，如到社区开展慰问困难党员，清理小广告，深入社区参加义务劳动，利用休息时间义务为学困生补课等，通过活动党员的党性修养宗旨意识得到增强。

六、专业护航，开展心理健康教育

学校坚持面向全体，整体提升教师的积极心理品质，有效建立起积极预防体系，以专业的心理健康教育为教师们的"悦"享教学提供护航。学校从角色认同、健全人格、悦纳自我、教育独创、控制情绪等方面明确了教职工心理健康的要求；学校积极聘请心理学、教育学等方面的专家做专题讲座，提升教师的自主发展意识，传授提升幸福感的方法，还充分利用同伴互助的形式，开启"心悦讲堂"，请教师就自己感兴趣的心理话题进行分享，让教师及时了解脑科学知识，学习合理情绪疗法等较为实用的心理技能。在浸润式的教育中，提高全体教师的心理健康素养，使教师更加热爱学习，学会自我调适，自我减压，自我节制。

七、提供保障，营造和谐环境氛围

人的积极心理品质提升与个体所处的环境、社会背景是分不开的。因此创建和谐幸福的环境氛围，营造健康的外部环境可促进教师积极心理品质的提升。学校充分发挥党支部、工会的作用，改造党员活动室、改善教工之家，为教师的学习和生活提供便利条件；学校建立了教师、学生和家长申诉制度，成立了纪检小组，倾听教师的诉求，对各种问题分门别类进行处理，及时疏导、化解了困扰教师们的各种问题，增强了学校的凝聚力和向心力；学校设立了心理健康教育指导中心，为教师提供心理减压驿站；工会组织教师定期查体，还充分利用家长资源，邀请医学专家为教师义诊以及讲授疾病预防和保健知识；学校推行义务教育学校公共服务标准建设，完善以人为本的各项制度，大力实施公共治理，努力构建幸福和谐的校园文化，激发教师的工作热情，缓解教师的工作压力。教师们在舒适优越的办公环境中，愉快工作；在民主和谐的人际氛围中，互助同行；在求实创新的展示平台上，增长智慧，平添勇气，追求卓越。

为了提高教师专业化发展的实效性，学校为教师搭建学习共同体，创造条件采取措施让教师获得成长，在此基础上逐渐引导教师实现自我超越。学校坚持德才兼备以德为先的用人原则，关注每位教师的发展，合理安排，搭建平台让每位教师都能在自己的岗位上实现价值。

教师的专业化程度是教育质量的决定性因素。因此，以自我超越为核心的教师发展模式就显得尤为重要。教师只有找对适合自己的专业化发展道路，才能始终把握教育的脉搏，洞悉教学的走向，不断超越自我，诠释生命价值。昆明路小学始终将教师队伍建设作为学校发展的中心任务，不断创新工作思路，采取多项措施，营造良好的教师发展环境，充分调动教师发展的主动性，激发教师发展的能动性，以"悦"其事业为核心，创设教师发展模式，打造骨干教师团队，发掘"心悦教育"起航新力量，努力打造高品质的教师专业发展服务体系。

第四节 建立师生发展的"心悦教育"评价体系

▶▶▶▶

　　教育评价是一种导向,这种导向科学与否,对于教育发展的影响举足轻重。习近平总书记在全国教育大会的讲话中强调:"扭转不科学的教育评价导向,坚决克服唯分数、唯升学、唯文凭、唯论文、唯帽子的顽瘴痼疾,从根本上解决教育评价指挥棒问题。"习近平总书记的这一重要论述,为进一步树立科学的教育评价导向,破除制约教育发展的瓶颈指明了方向,意义重大。用科学的教育评价导向引领教育发展,就是要从"培养德智体美劳全面发展的社会主义建设者和接班人"这一教育的根本任务出发,尊重学生成长规律和教育教学规律,积极推动关注每一个学生成长,促进学生全面而有个性的发展。

　　自实施"心悦教育"以来,学校就选择了以多元评价作为撬动学生全面发展的支点,从源头上促进了素质教育的贴地落实和推进。基于优质的教学和资源支持,昆明路小学对美好学生评价与反馈机制的创新,坚持灵活多元、过程导向,在评价中摒弃"唯分数"论,构建了关注个体成长的评价模式。

　　建立科学的评价机制和反馈机制是优化管理方式的关键,是提高教学质量的重要举措,是探索、反思与总结的工作过程建设"心悦教育"评价机制与反馈机制,不仅关注学生的学业成绩,更关注学生作为社会成员的健康独立人格形成。引领学校各项工作步入了科学、规范、高效的良性发展轨道,对内激励师生奋进,对外展示了学校形象、办学经验和教育成果。

一、建立师生发展的"心悦教育"评价体系背景

(一)传统的教学质量评价方式问题较多

当前传统的评价存在着重理论、轻实践,重结果、轻过程,重学科考试成绩、轻综合素质评价等现象,严重影响了学生学习积极性。主要表现为评价内容片面,侧重于课堂教学内容的测试,把考试作为学生评价的主要形式;评价指标单一,过于强调考试结果、学业成绩,忽视学生学习过程、进步状况、努力程度及学生的实践能力的评价;评价主体唯一,教师成为评价的唯一主体,忽视了社会、家长及学生的评价。

(二)改革学校评价机制,构建多元评价体系,势在必行

传统的教学质量评价缺陷明显,其中关键的是作为认知主体的学生在整个教学过程中都始终处于被动地接受知识的地位,学生学习的主动性被忽视,甚至被压抑。很显然,这与现代社会对人才培养的要求不相符合,因此,改变传统教学模式势在必行。昆明路小学积极探索,在现行的传统教学质量评价的基础上,努力实施、构建多元评价体系。

二、建立师生发展的"心悦教育"评价体系目标

(一)完善评价体系,矫正传统评价方式的不足

昆明路小学积极建构多元评价体系,努力实施过程性评价与结果性评价相结合的评价方式,学业水平测试与学业态度相结合的评价方式,师生、家长相结合的评价方式;以及定性与定量评价相结合的评价方式等。

（二）提高学生学习兴趣，提升课堂教学效果

多元评价方式从每一名学生的内在需要、个性特征、社会需求的实际情况出发，通过评价他们自己的学习、成长进程，进而促使他们向更高的目标前进。这些评价方式不仅关注学生的知识水平，还发现学生多方面的潜能，充分尊重学生的主观感受，肯定学生的进步，提高学生的兴趣，提升课堂教学效果。

（三）促进学校发展，为社会培养多方面人才

多元评价的过程中，观察是评价学生行为的基本前提。教师细心观察学生日常学习的诸多方面，特别是在课堂上对教师所教内容如何的反应、如何使用教科书、在小组活动中如何与其他同学合作与交流、如何展示自己对所学内容的理解等，以便及时了解他们的学习兴趣、学习策略及在学习中可能遇到的语言知识、技能等方面的问题。在收集到相关信息后，通过分析、记录整理出每位学生的学习档案，制定出相应的解决办法。

问卷在教学过程中定期使用，主要是用来了解学生学习策略、学习现状以及对教学所持的态度等内容，以便教师不断改进教学工作，通过问卷调查，教师可以了解学生对自己学习的满意程度以引导学生有效地、正确地评价自己，促进师生共同进步。

评价的基本含义包括两个方面的内容。第一，评价的过程是一个对评价对象的判断过程；第二，评价的过程是一个综合计算、观察和辅导等方法的一个复合分析过程。Bloom认为："评价就是对一定的想法（ideas）、方法（methods）和材料（material）等做出的价值判断的过程。它是一个运用标准（criteria）对事物的准确性、实效性、经济性以及满意度等方面进行评估的过程。"综合多方面的因素，评价（Evaluation）就是指，通过评价者（Evaluators）对评价对象的各个方面，根据评价标准进行量化和非量化的测量过程，最终得出一个可靠的并且逻

辑的结论。多元评价是指在评价中,通过社会、家庭、教师、学生等做出的定量评价(即描述性评价、课堂评价、观察性评价、行为性评价)的总称,具有一定导向性的多元式发展性和形成性评价。之后依据课题的总体构思,具体进行实验的实质性操作与实施。第一种方式是建立学习档案,档案袋评价的建立可以展示每位学生在学习过程中所做的努力和取得的进步。通过建立学习档案袋,可以督促学生经常检查他们所完成的作业,反思他们的学习方法和学习成果,培养他们学习的自主性和自信心。

可以进行学生自评。学生自我评价是指学生依据一定的评价标准,对自己的语言知识和语言运用能力进行分析和判断,并对自己的学习进行自我调节的评价方式。通过自评培养学生为自己的学习负责的能力,鼓励学生自己思考,看到自己的成绩及需要提高的方面,为今后的深入学习打下基础。

学生互评是一种合作学习的方式。它建立在相互信任的基础上,在互评过程中,学生意识到同伴的作用。同时通过互相督促、互相学习,学生在互评中学会信任、诚实,学会公正对己和对人。

采取多元的、多样的、有效的评价体系、评价内容、评价方式来调动学生的学习兴趣,增强师生间的有效互动。通过师生间的有效互动达到如下目的:促进学生在学习中的主体地位,引导学生全身心参达到如下目的:促进学生在学习中的主体地位,引导学生全身心参与学习,使不同差异的学生在不断进步中激发潜能,成为学习的主体,增强学能学力,促进学生的发展。把评价置于课堂教学环节中,通过评价改变课堂教学结构的设计,突出以学生为中心,促进课堂教学改革,通过课堂教学结构的优化,提高课堂的教学质量。形成一种评价激励机制,不但研究制定评价方式,而且希望以评价方式为契机推动教学模式和教学方式的改革,从而提升教学质量。

多元评价实际上是一个动态开放的过程，它贯穿于教学活动的每一个环节，目的不是为评价而评价，而是通过评价不断反思总结，改进学习方法，以取得更大的进步。是教学活动的有机组成部分，教学活动的任何时候都可以进行评价，对教学活动的任何环节都可以实施评价。多元评价方式从学校的管理方法、课程开发、学生教师发展等方面，形成自己独有的特色评价方式。学生评价、学校评价、家长评价等评价方式可以促进学校的发展。

三、建立师生发展的"心悦教育"评价体系构建

（一）以学生活动为载体

以主题教育的形式，搭建多彩的学校活动平台，使育人的方式和手段多样化。每年一度的艺术节、科技节成为学子们期待的节日。通过开展校园艺术节，举行合唱、戏剧、器乐、舞蹈等各类艺术专场比赛，学生在艺术熏陶中，审美情趣和艺术素养不断提升，多次在市区级比赛中获奖。

学校大力倡导"心悦教育"，依托课堂学习目标，设计符合学生心理特点的德育目标，在各学科教学中渗透心理健康教育，让学生每节课都有收获和提高。力争通过能本课堂打造，把心理健康教育有机渗透到学科教学。通过课堂教学，努力创造和谐、民主、平等、轻松的心理氛围，使学生在这样的氛围中健康愉快的情绪得以保持，自主性得到发展，合作精神、创新精神得到培养，从而塑造学生健全人格。

（二）以教师成长为根本

在教学管理上，学校突出"严"字，严格落实每一项教学要求、严格管理每一节课的教学质量，把新基础的具体要求与教学"四位一体"实施策略的落实有机地结合起来。教务管理部门加强听推门课、常态课及巡课次数；各备课组长、教

研组长组织教师做好集体备课和组内听评课；教学设计中充分关注"开放、互动、重心下移"等改革要求的体现。

1. 教师培养，教学能力专业化。学校启动教师培养的"三项工程"，面向的教师依据类型分为全体教师、骨干教师和青年教师。

首先，面对全体教师启动培训工程。主要内容包括师德建设、教师标准、教师基本功、新课改理念、课堂建构等，旨在提高教师师德修养和专业素养。

其次，面向骨干教师启动名师工程。骨干教师经验丰富、能力突出，在选拔、培养和造就名师的过程中，有利于充分发挥骨干教师的领衔示范、鼓励辐射作用。

最后，面向青年教师启动青蓝工程。青年教师资历较浅、学习能力强，扎实推进"师徒带教"工作，可以有效促进青年教师的专业成长。"三项工程"立足于不同类型教师的现实状况，开展有针对性地教师培养计划。既发挥了各层次教师的优势，又有效促进了其专业化成长。

2. 搭建平台，教研活动优质化。学校搭建教学科研的"三个平台"，分别是开放课展示平台、学科组教研合作平台以及课题研究创新平台。开放课展示平台是指学校定期举办青年教师创优课、骨干教师展示课和名优教师开放课等活动，借由开放课展示平台实现优质资源共享，便于教师相互借鉴学习。学科组合作平台是指学科组在每周的固定地点开展集体教研活动，为教师经验交流与教研合作提供了良好机会。

课题研究创新平台力在鼓励培养教师研发新课题，实施草根式教研，达到"人人有课题，题题有新意"的效果。通过教育科研的"三个平台"，教师由个体创新向团队合作发展转变，构建教师科研共同体，促进教研活动优质化。

3. 规划评价，教育管理科学化。学校通过专家引领、技能比拼、激励互动等举措，实施提高班主任专业素养的规划。同时，学校依据师德测评、技能比评、优秀选评、业务考评四个维度实施教师评价机制。

班主任全面负责班级的各项学生工作，对一个班集体的发展起主导作用。实施提高班主任专业素养的规划，可以为班主任进行思想引领、条件创设、实践强化等多方面培训，打造重师德、懂教育、敢创新的优秀班主任团队。教师评价机制影响教学实践活动的开展，而多维度的评价机制则是促进教师自我反思、自我发展的内在动力。学校着眼于师德测评、技能比评、优秀选评、业务考评四个维度，制订了《师德测评方案》《教师技能评比方案》《优秀教师选评方案》《教师业务考评方案》等，围绕教师的德、能、勤、绩展开四维评价。

班主任素养提升规划与四维教师评价机制在教师管理方面提出新要求，激励教师自我提升、自我反思与自我发展，使教育管理走向科学化，全方位、多层次地促进了教师的专业成长。

（三）以家庭教育为基础

学生德育工作的难点是在做人、做事过程中的良好行为习惯的养成。而培养学生的良好习惯绝不能仅仅靠约束和灌输的方式，学校必须带动全体家长创新教育方式，提升育人的质量。

同时，学校将德育"四位一体"的实施策略与新基础"在成事中成人"的理论结合起来，探索德育工作的新思路、新方法，并加快推动家校共育研究项目的实施，在理论研究中突出行动研究，大胆实践、调动家长参与的积极性，充分发挥家长在家庭教育中的主导作用，积极推进家校社区的融合互动和资源共享，不断拓展"三结合"的途径和形式。

四、实施多元"心悦教育"评价体系取得的成效

(一)班级管理规范有序

班级工作管理评价——日清月评为加强学生行为规范教育,保证学生在校安全,加强班级常规工作管理,提高全体教师参与管理的意识,学校实施了班级管理"日清月评"评价及奖励办法。

具体做法:评价各班学生在校各环节行为表现如晨读、学生仪表、课间、大课间、就餐和午间看管、放学路队、卫生、校园安全等每天有一名带班干部和两位值班教师对各班级巡视,在相应项目中记录不良现象和优秀班级。

日清月评的评价意义和效果:"日清"实际上是一种地毯式的管理。学校在全校实施"日清月结"精细化管理之后,做到了"事事有人管,时时有人管,处处有人管,人人用心管",对班级而言,教师及时关注本班不良现象,及时整改。对学生而言,通过鼓励,激发了学生不断进取的过程。

(二)激发课程实施活力

评价是课程实施的有效杠杆,是提升课程质量的必备手段。学校在课程实施过程中将传统评价与表现性评价相结合,并以表现性评价为主。传统评价,包括课堂上即时的语言、肢体动作等评价以及纸笔测试等;表现性评价,包括读书报告、演讲比赛、思维导图展评、戏剧展演、数学故事大赛等。评价全部采用等级制或学分制呈现,评价结果以等级的方式纳入学生最终的学业水平评价。

部分学生在学习过程中会出现困难,就采取"延迟评价"的方式,以保护学生学习的自信心和积极性,让他们看到未来的希望。首次不达标,可以二次达标甚至三次达标,正是在这多次达标中,学生感受到了从不会到会,从较少兴趣到全身投入,进而乐此不疲。结果,"后来者居上"的学生在学校学习和生活中

享受到了获取成功的愉悦。

好的评价会助推课程的更好实施,并让课程迸发出新的生机与活力。学校的课程评价在关注学生学习结果的同时,更关注了他们在学习过程中的发展变化。家长会经常直接对子女做出评价。让家长记录孩子回家学习的情况,做到教学向家庭与课外的延伸,让教师及时发现问题,给予帮助和鼓励。要让学生参与评价,教师就必须发挥"引导"的作用,帮助学生掌握评价的方向,点拨他们评价的方法和要领。在研究的初始阶段,我们要尽量调动起他们参与评价的积极性。要多采用激励性语言鼓励学生大胆说出自己的想法,对发言流利、声音响亮的同学给予表扬,由此建立起他们评价的信心,激活他们的思维,使他们在轻松愉悦的学习交往中主动发言,积极交流。于是,评价由此变得美丽而有意义。

评价的多元化,让不同学生在不同层面找到了自信,并感受到了学而有得、以至学而幸福,这种美妙的内心感受,让学生的学习驶入高效与快乐并存的境地。学生也逐渐认识到,发展是自己的事情,从而实现了每一个学生的主动发展。

(三)落实"以学论教"课堂评价

课堂教学要求真正落实"以学论教"的现代课堂教学评价理念,重点关注学生在课堂学习中的情绪、交往、思维、目标达成诸方面的表现,获取学生真正理解、掌握、运用知识的程度,判定学生获得基本技能的实际水平,实现教学相长、共促发展。

1.把握课堂教学梯度。课堂教学要做到由易而难、由简到繁、层层递进、步步深入,把学生的思维能力或动作技能的培养引向新的高度,教师善于把握训练的契机,善于分解训练目标,追求训练的层次,进行有效的梯度训练,指导学生认识事物、解决问题,保证训练扎实有效的重要举措。

如戴君老师利用翻转课堂来讲解鸡兔同笼，利用一体机遮盖功能，师生一起玩猜一猜的游戏，请学生根据动物的头数和腿数猜笼子中的鸡和兔子各有多少只。游戏既抓住了学生的注意力，让学生充分利用微课学习的成果；同时也使学生感悟鸡与兔子的腿数特点也为后面的列表法做好了铺垫。

赵娟老师在"牧场之国"的课程设计中，准确分析学生学习状态，四年级学生处于大脑功能完善的关键期，是培养学习能力、情绪能力的最佳时期。他们乐于接受新事物，开始从被动学习转向主动学习。语文教学可通过强化阅读分析和写作训练以发展学生概括、对比等抽象思维能力，提高语言文字的运用能力。在具体课程设计中，她利用视频和旋转的星球图，帮助学生形象直观地了解荷兰，激发学生学习的兴趣。通过分组竞争的活动，检验学生预习成果的同时激发学习兴趣；通过交互式白板中画笔的批注功能让学生呈现自主学习过程，把富有个性的学习成果在全班进行交流，提高了学生语言的理解、表达能力；利用动画功能，引入老舍先生的名篇《草原》，通过对比阅读，加深学生对修辞方法生动、贴切描绘画面的作用；设计课堂练笔——要求学生运用比喻、拟人等修辞方法赞美"花之国"，然后利用交互式白板中截图功能、画笔的图案功能对学生的课堂习作——"修辞运用恰当、生动"——开展生生之间实时评价活动，夯实了本课的教学重点，同时又激发了学生的学习兴趣，增加了课堂的趣味性。

针对教学重点——积累语言，在学生快速背诵后，教师借助交互式白板的拖拽功能让学生进行关键词填空，为学生背诵整段搭建了梯子，而后通过师生合作背诵，帮助学生快速积累语言，提高了课堂效率。针对教学难点，教师首先也利用画笔的勾画功能让学生发现"这就是真正的荷兰"在文中反复出现，接着利用交互式白板课堂活动功能中的超级分类帮助学生快速、清晰理清文章的主要内容,继而进行语言品读。另外,利用交互式白板中的板中板呈现板书,利用思维导图总结全文,升华情感都有利于难点的突破。

2. 追求课堂教学信度。在课堂上真正放手让学生自主学习、合作学习、探究学习,既要开放课堂,把课堂还给学生,打破教师"一言堂""满堂灌"的做法,搭建师生互动的平台,营造轻松活跃和谐的学习氛围,激发学生自主学习的兴趣,培养学生积极的心理品质,让学生在活泼的课堂上多合作交流探究,多动脑动口动手,形成有价值的创意和方案。

如李海岚老师设计的"我与宝岛心连心,盼望祖国早统一"课程,教师特别设计采用 iPad 进行辅助教学。首先是小组利用投屏方式汇报,学生可以直观了解中国台湾相关的知识,增强学习主动性。其次可以实现师生互动、生生互动,扫二维码、面对面建群等方式使得学生参与意识增强。最后的内容发到群中便于汇报与分享,这样单调无味的口语交际课瞬间活跃起来,激发学生汇报的积极性。同时激发学生的表达愿望,指导写邀请函,在微信群中分享。选取学生作品分享,其他学生仔细聆听,并做评价。

授人以鱼,不如授人以渔。有效的学习方法有时比知识本身更加重要。教师张慧的课程设计"《鲸》——走进说明文"就很好地体现了这一点。她在教学中始终贯穿学习说明文的三步法及相关教学互动设计。

首先,采取灵活多样的教学互动,激发学生学习兴趣。多样的教学互动具有直观、形象、生动、信息量大的特点,既能用它的特殊性来吸引孩子,激发学生学习的兴趣;又能帮助学生理解课文内容,让学生多学、乐学、好学。

其次,教学互动的内容具有时效性和高效性,帮助学生明确学习说明文的方法步骤,并且清晰直观地体现简单的思维导图,让学生在有限的时间里学会绘制简单的思维导图,并运用思维导图梳理文章内容。类似思维导图的拖拽填空题,不仅帮助学生进一步认识简单的思维导图,知道它可以帮助学生梳理文章内容,而且反过来帮助学生叙述文章内容。这便让学生在文章中走了个"来回"。

学生利用拍照功能将自己绘制的思维导图上传,教师查看学生屏幕,观察上传情况,然后关注汇报的学生,其他学生不仅能听到汇报,还能观察该生的思维导图,从而进行评价。教师还充分运用"幕布"的遮挡功能,帮助学生回忆,加深学生记忆。设计相关拖拽填空题,进行课堂互动。与以往问答式复习相比,学生不容易受他人影响,教师可以通过饼状图了解学生对知识的掌握情况。并且让学生组成小组讨论交流,让学生充分参与到课堂中。

3. 提升课堂教学效度。在课堂学习中注重对学生完成学习任务的方法和技巧予以指导,能多视角、辩证分析问题,做出选择和决定,学生学会自觉地用有意义的方式来思考和运用学习材料,探寻和掌握个性化的学习方式,形成学习智慧,为终身学习奠定坚实基础。课堂充满快乐体验,学生养成良好的预习习惯、独立思考习惯、理解答问习惯、交往参与习惯。

赵彦老师的课程设计"2、5的倍数特征",利用魔术盒中的数字猜谜作为课堂开场,充分激发学生学习好奇心,调动学生的积极性。利用平板和云课堂的互动中的画笔,画出每人手中平板上2的倍数和利用云课堂系统中的认知工具验证2的倍数特征成立,及时关注学生动态,大大节省了教学时间,提高了教师对学生的关注度,实现高效课堂和无纸课堂,做到了真正的高效,是传统课堂教学无法比拟的,在改变传统的教学模式和学习模式,起到了重要的作用。之后,通过白板出现刘谦的图片,认识公众人物,并利用平板的拍照和分享和关注功能使数学教学更高效,更直观。

同时,更好地体现现代的教学模式,体现生生互动,师生互动的新的教学模式。体现了人与人之间的合作模式。创新自带的正确率统计系统，让教师在短时间内统计出学生的掌握情况，为高效教学提供了不可估量的作用。

利用平板和百数表，自我探究"5 的倍数特征"。对表现突出的个人和小组进行评价。利用平板及云系统的随机点名进行随机练习，使学生全员参与，利用云系统中的详情和综合分析系统分析学生掌握知识的情况，做到知识的及时反馈。对于新技术的灵活应用使得课堂内容更加生动饱满，学生的反馈复习也变得更加有效。

安茜茜老师在课程设计"数学广角——植树问题"中通过 forclass 软件，让学生利用 pad 将课前搜集的有关"间隔"的图片，拍照投屏，教师与学生还可以利用白板中的画笔在图片中进行标画。学生们可以直观感受到"间隔"，观察到其他人的图片，达到了资源共享的作用，开拓了学生的思路。充分利用 forclass 与 pad 相结合，体现生生互动、师生互动，高效完成教学目标。

教师利用多媒体课件，动态演示了"间隔"的产生，让学生直观感受到"每隔 5m"就是每段间隔的长度，为学生的"猜想"奠定基础。利用 forclass 投屏每个学生的植树方法，并利用"分屏显示"功能，筛选出四种画法，再用"关注"功能，将每种植树方法放大，既实现了资源共享，又方便学生讲解。教师将习题发送到学生的 pad 上，学生将答案投屏，教师可以快速浏览每位学生的答案，并且"关注"放大一名学生的答案，由学生自主解析。

学生利用"互动白板功能"完成习题，再将一位学生的图片资料"发送"给每一位学生的平板上，全体学生标注后，再投屏到老师的大屏上，教师可以利用 forclass 软件迅速查看每位学生的做题情况以及正确率，对做错的学生进行针对性的指导。生生互动，师生互动得到最大实现。

育人是课堂教学的应有之义。"心悦"课堂的教学评价是对课堂教学的育人质量做出总体价值性判断。"心悦"课堂评价的目的在于发展学生认知的潜能,促使学生去思考、探究,变被动的接受式学习方式为主动的探究式的学习方式;充分发挥学生认知的积极性和主动精神,激发学生的学习兴趣,促成学生积极主动地去思考、探究,有助于提高学生问题探究和解决的能力,有助于培养学生的质疑精神,有助于学生养成良好的学习习惯。

(四)促进学校可持续发展

学校加强对教师的监督指导,通过各类考核、问卷调查、家长反馈等方式不断提示、提醒教师时刻严格要求自己。学校出台了"一岗双责"监督督察制度,由各年级分管主任深入年级,对教师教学常规、落实师德要求等情况逐条巡查。校领导对各年级巡查情况及时抽查评估。学校督查办通过电话调查、举报电话、投诉邮箱、家长开放日反馈等多种形式收集学生及家长的建议和意见,及时处理反馈。

教师发展是学校发展和前进的动力,昆明路小学教师发展机制激发了教师的自主性、积极性与创造热情,全面促进了教师道德品质、专业能力与教育科研能力的提升,促进了学校的可持续发展。如今,社会对学校的满意率不断提高。

一直以来,昆明路小学倡导"学校无小事,事事是教育,教师无小节,节节是楷模"的管理理念,工作中注重从感情疏通、爱和人格的感化等方面使每一位师生在学校创设的"柔性"管理中找到自尊、自信。学生管理注重"疏",而不是"管",用各种丰富多彩的活动、各种评比激励学生,让每个学生在学校都能找到自己的"兴奋点",让每个学生的个性都可以充分发展。师生在一种和谐温馨、团结拼搏的氛围中受到潜移默化的熏陶和发展,这种"柔性"管理文化让学校成为教师成长的舞台,学生放飞梦想的起点。

《新时代公民道德建设实施纲要》指出,学校是公民道德建设的重要阵地,要把立德树人贯穿学校教育全过程。"心悦教育"建设实践无疑已将精神落到了实处。从有形到无形,从课内到课外,从全面到全程,"心悦教育"实现了从说教、口号、功利育向伦理、体验、活动的彻底转变,树立了新时代学校德育工作的典范。人生向善,洒满阳光;教育向善,希望无限。在"心悦教育"的旗帜下,昆明路小学引领学生循善前行,追光逐梦,踏浪远航,做"心悦学子"。

五、"心悦教育"成果丰硕

(一)教科研方面

2018年11月,在全国非智力因素研究2018年学术年会上作"大脑塑造师——提升执行力"的经验交流获得好评。2018年11月,在全国非智力因素研究2018年学术上进行心理健康教育学校特色交流。2016年12月,校长李素颖的论文《"心悦教育"为学生打下良好的心智底色》获得天津市青年校长学术论坛一等奖。2019年7月,教师赵岚在"中国好老师"2019全国育人论坛做主会场报告《形成心育联盟,助力学生积极发展——心理行为问题学生发展促进策略》。

(二)学校获奖方面

2017年6月,在和平区"巧手绘心"学生心理作品征选活动中荣获优秀组织奖。2017年12月,校园电视台节目制作《涂抹心声·悦见绘本》获得天津市小学组三等奖。

(三)校本课程方面

2017年6月,教师赵岚的活动课教案"考试焦虑背后的秘密"在中国高等教育学会教师教育分会学校心理健康教育委员会第二届学术年会的心理活动及班会课教案征集展评中获二等奖。2017年9月,教师赵岚在天津市"中小学心理健康教育课堂教学活动课展示"评选中,获得小学组二等奖。2018年5月,教师商蓉蓉在"新课改,新理念,心课堂,心素养"和平区中小学第一届心理教师技能大赛小组比赛中荣获二等奖。

(四)媒体杂志方面

以"为了造就和谐的人"为题,昆明路小学《"一合三建五线"心育模式》刊登在《中国德育》杂志 2016 年第 15 期封底。教师赵岚《"我手画我心"团体心理辅导实录》刊登在《中国德育》杂志 2016 年第 15 期。《"心悦教育"让每位学生素质发展实现"增值"——和平区昆明路小学采访纪实》刊登在 2018 年 4 月 4 日《天津教育报》。以"心悦校园,创新发展"为题,《昆明路小学心悦文化介绍》刊登在《中国德育》杂志 2018 年第 22 期封面。校长李素颖《实施'五个一'工程,培养时代新人》一文刊登在《中国德育》杂志 2018 年第 22 期。《"心悦教育":为学生的全面和谐可持续发展奠基》一文刊登在《我国中小学心理健康教育发展特色》上卷(开明出版社)。2019 年 4 月,教师商蓉蓉《"舒尔特方格"训练软件在提升儿童注意力上的尝试》发表在《天津教育报》第 4359 期。《昆明路小学心理专职教师告诉你:学生写作业磨蹭的罪魁祸首竟然是它》刊登在 2017 年 10 月 13 日天津教育报微信公众号。

"心悦教育"的评价采取多元评价的方式,引导学生激发内驱力,积极发展,为激励学生开展争优达标活动,让更多的学生获得成功体验,让不同的学生得到不同的发展,帮助学生获得自我实现的机会,让每个学生都能找到施展特长的舞台。培养具有健全人格、独立人格和创造人格特征的人,让"心悦"在每一名学生身上绽放,让他们成为社会主义建设者和接班人……

如今,昆明路小学正在以"心悦教育"作为办学底蕴,精心求索,阔步挺进在立德树人的宽广大道,走向教育的未来,以满怀的豪情、创新的活力、不懈的斗志,一步步把梦想变为现实,放眼学校前景,将更加夺目、辉煌。

后 记
HOU JI

　　文化是民族凝聚力和创造力的重要源泉，中华民族伟大复兴之梦的实现，需要经济振兴，更需要优秀传统文化的弘扬与繁荣。"有如语言之于批评家，望远镜之于天文学家，文化就是指一切给精神以力量的东西。"美国思想家爱默生曾这样描述文化的重要性。文化潜移默化中浸润一个人的涵养与品德，润物细无声，造就一个个精神富足、品德温润的个体，进而造就一个国家的品格与精神形象。路漫漫其修远兮，文化建设的道路依旧很长，需要每一个个体、每一所学校、每一个国家不断追求。

　　身为教育工作者，我们十分清楚，想要建设一所目标明确、持续发展、让人民满意的学校，仅仅加强学校的硬件设施是无法实现的，唯有依靠学校文化软实力的不断构筑与提升，才能为学校的发展注入源源不断的动力。校园文化之于一所学校的意义，犹如灵魂之于生命、思想之于人类，是学校凝聚力和活力的源泉。富有魅力和内涵的校园文化会衍生出一股强大的文化力量，正如大树根深才能叶茂，深厚的文化积淀，为学校欣欣向荣的发展保驾护航。这样一股潜在的强大力量，无处不在无时不有，润物无声，最终使得学校的品质卓然，绽放个性神采。

　　正是在这样的思考下，昆明路小学上下齐心协力，共同打造优质教育，让"心悦教育"成为学校的名片。经过不懈努力，"心悦教育"早已成为昆明路小学的文化标签，它于特色之中，演绎着文化之韵，承载着师生的精神追求，铸就着品牌之魂。"心悦教育"的核心，在于为学生提供像阳光一样温暖、平等的教育，为他们带去光明，带去温暖和幸福，给学生积极向上的力量，让学生快乐成长。

在这样的教育理念下，学生们学有所成、学有所乐，积累了丰富的科学文化知识。更重要的是，培养了健全健康的人格，为其漫漫人生旅途，打下了坚实的基础。对于昆明路小学来说，"心悦教育"也在无形之中为学校注入了发展的动力，形成了欣欣向荣的校园文化氛围，更于无声之中向外界传达了自己的"心悦"形象，获得良好的社会声誉。在"心悦教育"理念的统领下，学校的其他理念生发、延长，形成了丰富多样的理念体系，课程理念、育人理念、管理理念。

在这些理念的引导之下，昆明路小学教有所依、学有所傍，上下一心，提升了学校的向心力与凝聚力，学校的管理和日常工作的开展也更为顺畅，从而在根本上提升了学校的核心竞争力，实现了自身的持续、快速和科学发展，为昆明路小学未来奠定坚实的基础。

合抱之树，生于毫末。集腋成裘，积少成多。过往的经历将会为未来的发展铺就道路，成为学校的宝贵精神财富，为接下来的教育工作提供有益的参考和指点。正因如此，学校在着力打造"心悦教育"的实践过程中，不忘将其中经历和经验汇聚笔尖，留于纸上。而策划编辑出版此书，是为了记录昆明路小学"心悦教育"文化建设路上的点滴城镇，进一步提炼学校教育教学的核心理念，形成学校办学的精神动力，推动学校更上一层楼，抱有对本校的殷切希望与关怀。

怀抱有这样诚挚的情感与祝福，《心悦教育——天津市和平区昆明路小学特色文化探索和实践》几经波折，在教师们的付出与辛苦工作下，终于得以付梓问世。手捧书卷，难掩内心激动，多年来的摸索实践，幻化为眼前的书稿，这是由全体师生共同谱就的诗篇。

《心悦教育——天津市和平区昆明路小学特色文化探索和实践》凝结了诸位教师的心血，更是全体师生共同参与、共同书写的成长诗篇。在此，由衷感谢天津市和平区教育局各位领导、专家的指导，在本书的编辑过程中给予了学校长期的鼓励和支持；亦深切感谢昆明路小学的各位教师，正是大家的辛勤工作和实践，为"心悦教育"的落实和发展提供源源不断的活力和创新力。

现在，新的教育历程又已开启。昆明路小学响应时代号召，开拓改革先路，秉承"心悦教育"的核心，以师生共同发展为"两翼"，创办富含历史底蕴、传统文化和现代气息兼备的名校。发展"心悦教育"，学校始终在路上。

编　者

2020 年 10 月